はじめて知りたい人にも
カラーで見やすく親切！

会社法

のしくみと要点が

これ1冊で しっかり
わかる本

弁護士
大坪和敏

技術評論社

ご注意：ご購入・ご利用の前に必ずお読みください

■ 免責
本書に記載された内容は、情報の提供のみを目的としています。したがって、本書を用いた運用は、必ずお客様自身の責任と判断によって行ってください。これらの情報の運用の結果について、技術評論社及び著者は、いかなる責任も負いません。

・内容をわかりやすくするために、記載された文言等は、法令どおりでない表記の場合があります。

・本書に記載された情報は、特に断りのない限り、2025年1月現在での情報を元にしています。情報は予告なく変更される場合があります。

以上の注意事項をご承諾いただいたうえで、本書をご利用願います。これらの注意事項をお読みいただかずにお問い合わせいただいても、技術評論社及び著者は対処しかねます。あらかじめご承知おきください。

■ 商標、登録商標について
本書中に記載されている会社名、団体名、製品名、サービス名などは、それぞれの会社・団体の商標、登録商標、商品名です。なお、本文中にTMマーク、®マークは明記しておりません。

はじめに

　1602年にオランダで発足した東インド会社が世界で最初の株式会社といわれています。以来、株式会社は今日、事業主体として、取引相手として、また働く場として不可欠なものとなっています。本書は主として、株式会社について定めた会社法のしくみと要点を、図解を用いてビジュアル化し、わかりやすくまとめたものです。

　会社法では、最初に会社全体に関係する総則を設けています。そのうえで以降、株式会社の設立、設立後に事業を開始したり拡大したりするための資金に関わる株式、事業（会社経営）の決定と監督に関わる機関、1年間の事業の結果をまとめる計算（決算）、合併や会社分割などの組織再編、会社の閉鎖（清算）、そして株式会社以外の会社（持分会社）と外国会社、登記などの雑則、罰則という順番で定めています。本書では、内容を理解しやすくするため、会社法の順番とは章立てを大きく変えています。まず第1章で会社法に関する基本的な用語を説明してから、前半の章では会社の活動の中心である株主総会や取締役会などの機関について解説しています（第2章から第5章まで）。そして第6章では、株式会社の所有者たる株主と株式について、第7章では会社の決算と資金調達について、第8章では合併など会社の再編などについて、第9章では会社の設立と清算について、第10章では株式会社以外の会社について、それぞれ解説しています。

　また会社法は、979条まである非常に膨大な法律ですが、重要な制度、あるいは会社法の全体像を理解するために必要な用語を中心に説明しています。各項目について、左ページで要点を解説し、右ページで解説の内容を図解することで、すべて見開きで完結させ、端的に理解できるようにしています。なお本文では読みやすさを重視し、法令の条文の引用は基本的に省略して、アイコンで条・項・号を表記しました。

　本書が、株式会社に関わる多くの人にとって、少しでもお役に立つものであることを心より祈念しております。

2025年1月

大坪 和敏

CONTENTS

はじめに ……………………………………………………………… 3

本書の使い方 ……………………………………………………… 11

Chapter 1
会社の基礎知識

01 会社法とはどんな法律？ ………………………………… 14

02 会社法以外の会社に関連する法律 ……………………… 16

03 会社法で定める会社とはどのようなもの？ ……………… 18

04 会社の種類と出資者の責任 ……………………………… 20

05 株式会社の特徴 ……………………………………………… 22

06 株式会社の類型① 大会社 ……………………………… 24

07 株式会社の類型② 公開会社と親会社・子会社 ……… 26

08 会社の名前はどう決める？ ……………………………… 28

09 株式会社の事業活動の目的 ……………………………… 30

10 株式会社の利害関係者（ステークホルダー） …………… 32

11 コーポレートガバナンス（企業統治） …………………… 34

COLUMN 1 株式会社として法人格を取得する意味 ……………… 36

Chapter 2
株式会社の機関

01 株式会社の意思決定と運営を担う機関 ………………… 38

02 株式会社における機関設置のルール …………………… 40

03 株式会社の役員の役割と種類 …………………………… 42

04 取締役の役割と種類 ……………………………………… 44

05	監査役の役割	46
06	監査役会の役割	48
07	会計参与の役割	50
08	会計監査人の役割	52
09	指名委員会等設置会社の特徴	54
10	監査等委員会設置会社の特徴	56
11	株式会社の監査機関の比較	58
12	内部統制システムの構築	60
COLUMN 2	上場会社の機関設計	62

Chapter 3
株主総会のしくみ

01	株主総会の役割	64
02	株主総会で決議できる事項	66
03	株主総会の招集の手続	68
04	株主総会資料はウェブサイトに掲載可能	70
05	株主総会の議事の運営	72
06	株主総会における株主の質問	74
07	株主からの議題や議案の提出	76
08	株主が有する議決権	78
09	株主総会の決議の要件	80
10	取締役会非設置会社における株主総会	82
11	決議の内容や手続などに瑕疵がある場合の訴え	84
COLUMN 3	上場会社における株主総会の実際	86

Chapter 4

取締役・取締役会のしくみ

01 株式会社が行う業務執行の決定と業務執行 ……………………… 88

02 取締役の選任の手続 ……………………………………………… 90

03 取締役の終任や辞任、解任 ……………………………………… 92

04 取締役会設置会社における代表取締役の役割 ………………… 94

05 取締役会の招集と議事の運営 …………………………………… 96

06 取締役会の決議の要件 …………………………………………… 98

07 取締役会が有する権限 …………………………………………… 100

08 取締役会非設置会社における業務執行 ……………………… 102

09 取締役が負うべき善管注意義務・忠実義務 ………………… 104

10 取締役が避けるべき競業取引（取締役の競業避止義務）……………… 106

11 取締役と株式会社の利益が相反する取引（利益相反取引）………… 108

12 取締役の報酬のしくみ ………………………………………… 110

13 取締役が任務を怠った場合の任務懈怠責任 ………………… 112

COLUMN 4 誰が会社の契約書に押印するのか ……………………… 114

Chapter 5

株式会社の役員の責任

01 役員等の任務懈怠の責任 ……………………………………… 116

02 株主が責任を追及する株主代表訴訟 ………………………… 118

03 役員等の株式会社以外の第三者への損害賠償責任 ………… 120

04 役員等の負担を軽減する補償契約と保険契約 ……………… 122

05 会社法における役員等への刑罰・過料 ……………………… 124

COLUMN 5 役員のハラスメントに対する責任 ………………………… 126

Chapter **6**
株主と株式の基礎知識

01　株式会社に対する株主の権利 …………………………………… 128

02　株主が負う責任と株主の取扱いに関する原則 ………………… 130

03　内容の異なる株式を発行できる種類株式 ……………………… 132

04　種類株主を保護するための種類株主総会 ……………………… 134

05　株主の権利行使に関する利益供与の禁止 ……………………… 136

06　株券の用途と必要性 ……………………………………………… 138

07　振替機関などが株式を管理する株式等振替制度 …………… 140

08　反対株主に認められる株式買取請求権 ………………………… 142

09　株式の名義を記録する株主名簿 ………………………………… 144

10　株式を評価する手法 ……………………………………………… 146

11　株式の譲渡や質入れ ……………………………………………… 148

12　定款による株式の譲渡制限 ……………………………………… 150

13　株式会社が自ら発行した自己株式の取得 …………………… 152

14　自己株式の法的な特徴 …………………………………………… 154

15　株式の数を減らす株式併合 ……………………………………… 156

16　株式の数を増やす株式の分割と無償割当て ………………… 158

17　保有する株式の数で権利を認める単元株制度 ……………… 160

COLUMN 6　インサイダー取引の禁止 ……………………………… 162

007

Chapter 7
株式会社のお金の基礎知識

01 財務状況の把握に必要な株式会社の決算 ················ 164

02 日々の記録である会計帳簿と決算に必要な計算書類 ········ 166

03 貸借対照表は財産の状態を表す計算書類 ················ 168

04 貸借対照表の純資産の区分である資本金と準備金 ········· 170

05 損益計算書は利益と損失を算定する計算書類 ············· 172

06 企業グループの経営状態を見るための連結計算書類 ········ 174

07 事業報告・附属明細書の作成と取扱い ·················· 176

08 剰余金は株主への配当の基準 ························· 178

09 分配可能額の計算 ································· 180

10 分配可能額を超えて配当を行う違法配当 ················ 182

11 配当確保などを目的とした資本金の減少（減資）············· 184

12 配当確保などを目的とした準備金の減少 ················ 186

13 株式会社における資金調達の方法 ··················· 188

14 募集株式の発行（新株発行）による資金調達 ··············· 190

15 株主割当てによる募集株式の発行 ··················· 192

16 第三者割当てによる募集株式の発行 ·················· 194

17 資金調達をするために株式会社が発行する社債 ··········· 196

18 社債の発行と償還 ······························· 198

COLUMN 7 債権者保護のための資本の３原則 ················ 200

Chapter 8

企業の買収・結合・再編

01	組織再編の種類と組織変更の内容	202
02	買収、結合、再編を行うM&A	204
03	不特定多数から買い付ける株式公開買付け（TOB）	206
04	会社の事業を買い取れる事業譲渡	208
05	会社を1つに統合する株式会社の合併	210
06	合併の手続	212
07	事業を他社に承継させる会社分割	214
08	会社分割の手続	216
09	別会社に株式を取得させる株式交換	218
10	会社を新設して株式を移す株式移転	220
11	株式を譲り受ける株式交付	222
COLUMN 8	M＆Aにおける従業員の立場	224

Chapter 9

株式会社の設立・解散

01	株式会社の設立の手続	226
02	発起人が株式を引き受ける発起設立	228
03	株式の引受人を募集する募集設立	230
04	会社を設立するための設立費用	232
05	法人格を取得するための登記の手続	234
06	特殊な定款記載事項と現物出資・財産引受け	236

009

07 会社成立後の定款変更の手続 ……………………………………… 238

08 法人格を消滅させる株式会社の解散 ……………………………… 240

09 株式会社の後処理を行う清算の手続 ……………………………… 242

10 裁判所の命令で開始される特別清算の手続 …………………… 244

COLUMN 9 会社が倒産するとはどういうこと？ ………………… 246

Chapter 10
株式会社以外の会社

01 有限会社（特例有限会社）の取扱い ……………………………… 248

02 持分会社の種類と特徴 ……………………………………………… 250

03 合名会社は無限責任社員のみ …………………………………… 252

04 合資会社は無限責任と有限責任の社員がいる ………………… 254

05 合同会社は有限責任社員のみ …………………………………… 256

06 会社法に規定されない外国会社 ………………………………… 258

索引 ………………………………………………………………… 260

本書の使い方

本書の構成

本書は、見開き2ページ単位の解説と、関連する図解や表で1節を構成しています。左ページの解説を読んだあと、右ページの図解や表を確認すると理解が深まります。

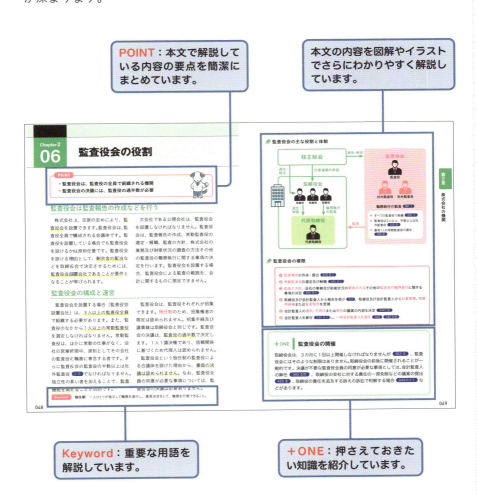

POINT：本文で解説している内容の要点を簡潔にまとめています。

本文の内容を図解やイラストでさらにわかりやすく解説しています。

Keyword：重要な用語を解説しています。

＋ONE：押さえておきたい知識を紹介しています。

本書の使い方

本書での法令の名称と条・項・号の表記

本書では、株式会社の組織や運営、管理などについて定めた「会社法」のしくみと要点を解説しています。各節の内容に関係する法令は、その条文を参照しやすいよう、以下のルールにより条・項・号をアイコンで表記しています。

● 会社法は、法律名を表記せず、番号だけを記しています
● それ以外の法令は、法令名のあとに番号を記しています
●「条」を算用数字、「項」をローマ数字、「号」を丸数字で記しています
● 同じ「条」にある複数の「項」を示す場合、ローマ数字を併記しています
● 同じ「項」にある複数の「号」を示す場合、丸数字を併記しています

会社法の例

例：会社法 第327条 第1項 第3号と第4号 ➡ 327 Ⅰ③④

条　項　号の併記

そのほかの法令の例

例：金融商品取引法 第21条 第1項 第1号 ➡ 金商法 21 Ⅰ①

法令名　条 項 号

法令の正式名称と本書での表記一覧

正式名称	本書での表記
会社法	（表記なし）
会社法施行規則	会社法施行規則
会社計算規則	会社計算規則
民法	民法
金融商品取引法	金商法
民事訴訟法	民訴法
民事保全法	民事保全法
破産法	破産法
社債、株式等の振替に関する法律	振替法

Chapter 1

会社の基礎知識

会社は、営利を目的とする人の集まり（法人）であり、「会社法」によって規定されています。会社には株式会社と持分会社があり、その設立や組織、運営及び管理について、会社法の定めに従う必要があります。第1章では、会社や会社法に関する基礎知識と、会社の種類や特徴、会社の目的や組織などについて説明します。

Chapter 1
01 会社法とはどんな法律？

> **POINT**
> - 会社法は会社の設立、組織、運営、管理を定めた法律
> - 会社の組織、運営、管理については定款も重要

会社法は何を定めた法律か

　会社法は、会社の設立、組織、運営及び管理について規定している法律です。「設立」とは、会社という法人を成立させるための手続をいいます。「組織」とは、会社の種類、構成員（株主・社員）の権利・義務、配置すべき機関（株主総会、取締役・取締役会、監査役・監査役会、会計参与など）、機関相互の権限の分配に関することをいいます。「運営」とは、会社の意思決定（業務執行などの決定）及びその執行（具体的な業務の遂行）に関することをいいます。「管理」とは、会社で行われる行為のうち「運営」に属さない部分、すなわち監査、株主・社員が行う業務執行者に対する監督、清算手続、罰則などのことです。

　会社法は「総則」「株式会社」「持分会社」「社債」「組織変更、合併、会社分割、株式交換、株式移転及び株式交付」「外国会社」「雑則」「罰則」の8編からなり、中心は株式会社に関する規定です。

会社の組織、運営、管理に関する規定である定款

　株式会社におけるルールで最も重要なものは会社法ですが、会社の組織と運営、管理に関する事項を定める根本規則として定款があります。会社設立の際は定款を作成しなければならず、各社に必ず定款が存在します。

　定款では、会社の組織（機関）や、会社と株主あるいは株主相互の法律関係を定めることができます。会社法では、一定の事項（たとえば取締役会設置の要否など）について、定款で定められるようにしており、個々の規定のなかには会社法の定めと異なる内容を定款で定めることが可能なものもあります。このように、会社法の範囲内で個々の会社がそれぞれの事情に応じた内容を定款で定め、会社の運営や管理を行うことを定款自治といいます。会社法は定款自治を認めつつ、会社や株主、会社の債権者の保護のため、定款によって変更できない規定（強行規定）も多く設けています。

会社法の構成

編	章
第一編　総則	第一章　通則
	第二章　会社の商号
	第三章　会社の使用人等
	第四章　事業の譲渡をした場合の競業の禁止等
第二編　株式会社	第一章　設立
	第二章　株式
	第三章　新株予約権
	第四章　機関
	第五章　計算等
	第六章　定款の変更
	第七章　事業の譲渡等
	第八章　解散
	第九章　清算
第三編　持分会社	
第四編　社債	
第五編　組織変更、合併、会社分割、株式交換、株式移転及び株式交付	
第六編　外国会社	
第七編　雑則	
第八編　罰則	

会社法や定款が定める法律関係の範囲

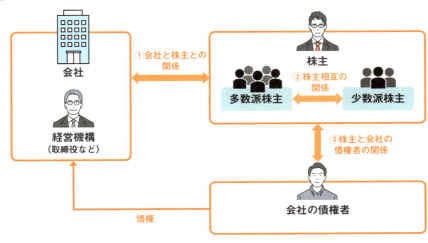

Chapter 1
02 会社法以外の会社に関連する法律

> **POINT**
> - 会社法の細目は、法務省令に定められている
> - 会社に関する法律は、会社法以外にも多数存在する

会社法の細目を定める法務省令（会社法施行規則など）

会社法には、「その他、法務省令で定めるもの」などとして、法律の規定の細目について法務省令に委任している条項があります。法務省令は会社法の規定を受けて定められています。

具体的なものとして、①会社法施行規則、②会社計算規則、③電子公告規則があります。①は、会社法の委任に基づく事項や会社法の施行に必要な事項を定めることを目的としたものです。②は、会社の計算に関する事項などについて定めたものです。③は、電子公告調査に関して定めたものです 942 Ⅰ 。

また、会社法の定める非訟事件には会社非訟事件等手続規則があります。

会社に関係する会社法以外の法律

会社の設立や運営などについて、会社法と別の定めをしている特別法もあります。たとえば、特例有限会社の取扱いを定める「会社法の施行に伴う関係法律の整備等に関する法律」、株式などの譲渡の特則を定める「社債、株式等の振替に関する法律」と「株券等の保管及び振替に関する法律」、社債に担保を付ける場合の特則を定める「担保付社債信託法」、会社の登記制度を定めた「商業登記法」などです。

また、上場会社の情報開示などを定めた法律に金融商品取引法があり、合併などの会社法の特則を定めたものに独占禁止法があります。さらに、会社と従業員との間の労務関係については、労働法（労働契約法や労働基準法など）に定められています。

そのほか、債務超過で事業の継続が困難になった会社への規律を定めた各種の倒産法（会社更生法や破産法、民事再生法）もあります。会社が事業所の賃貸借契約を締結する際などには民法や商法が適用されることがありますし、民法により会社が損害賠償責任を負うこともあります。

会社を規律する法律・ルール

会社に関係する主な法律

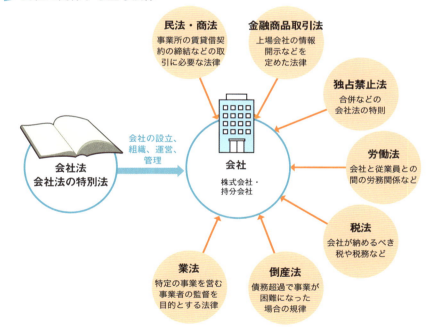

> **Keyword** 　**非訟事件**　裁判所が私人と私人の間の生活関係に関する事項を、通常の訴訟手続によらず簡易な手続で処理するもの。
> **電子公告調査**　法律の規定による公告を電子的に行う場合、その内容について調査機関が行う調査。

Chapter 1
03 会社法で定める会社とはどのようなもの？

> **POINT**
> - 会社は営利を目的とする人の集まり（法人）である
> - 法人は、取引を行い、個人から独立の財産が認められた存在

営利活動を行う法人としての会社

　新しく事業を始める（起業する）には、1人で行う場合と複数人で行う場合があります。1人で事業を始める場合は、その人が取引の当事者となり、取引相手と契約の合意（契約書への記名押印など）をすれば事足ります。しかし、複数人で始める場合、全員が取引の当事者となり、全員がいちいち取引相手と契約合意をしなければならないとなると、とても不便です。また個々人の財産がすべて事業に使われるとなれば、安心して事業を行うことができません。そこで、人の集まりである団体が、個人と同様に自らの名前で取引の当事者となり、個々の構成員と別に財産を認める制度が認められており、それを法人といいます。

　法人には、人の集まりである団体に権利能力（法人格）を与えた社団法人と、財産の集合に権利能力を与えた財団法人があります。会社は、営利を目的とする社団法人です。

会社と企業の違い

　会社とは、利益を目的とする人の集まり（団体）であり、取引の当事者となることができる存在（法人）です。会社は事業活動によって利益を上げ、それを団体の構成員に分配します。これを「営利」といいます。

　株式会社は多くの株主がいることが予定されていますが、このような人の集まりを社団といいます。会社は、個人と独立して権利・義務の主体となることができる社団法人です。

　「企業」という言葉は日常用語として用いられるもので、厳密な定義があるわけではありません。「事業活動で利益を得ることを目的とする主体」といわれることがありますが、法人以外の組合なども含まれます。事業への出資者が1人の場合には個人企業、複数の場合には共同企業といいます。会社も原則として企業に含まれます。

個人と複数人による事業の違い

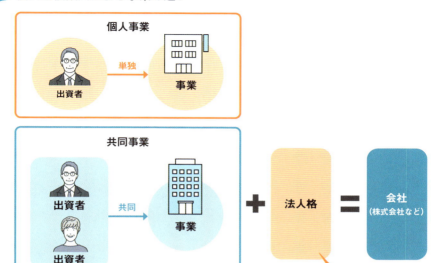

会社と企業の違い

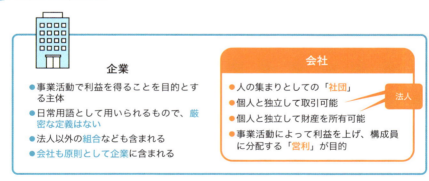

会社以外の法人の例
- 相続財産法人（民法 951）
- 一般社団（財団）法人（一般社団法人及び一般財団法人に関する法律）
- 特定非営利活動法人（特定非営利活動促進法）
- 宗教法人（宗教法人法）
- 医療法人（医療法）
- 学校法人（私立学校法）
- 地方公共団体（地方自治法） など

Chapter 1
04 会社の種類と出資者の責任

> **POINT**
> - 会社には、株式会社と3種類の持分会社がある
> - 株式会社の出資者（株主）の責任は間接有限責任となる

会社の種類

会社には、大きく分けて株式会社と持分会社があります。さらに持分会社は合名会社、合資会社、合同会社の3つに分かれます。会社法ではこれら4種類が会社として認められています。

いずれも会社として、①法人であること（法人性）、②営利を目的とすること（営利性）、③人の集まりとしての社団であること（社団性）、という3つの特徴があります。

持分会社については第10章で説明しますが、株式会社との違いは主に出資者（構成員）の責任で、株式会社より簡単な手続で設立できたり、運営も簡単であったりするものが想定されています。現在、日本の会社の約9割が株式会社であることから、本書では株式会社を中心に解説します。

会社における出資者（構成員）の責任

会社をつくって事業を始める場合、その会社に出資する人（出資者）がいるのが通常です。この出資者は会社の「構成員」であり、「社員」ともいいます。ここでの社員は「従業員」と全く別の意味です。以降では、持分会社の構成員のみを社員といいます。株式会社の構成員は株主といいます。

出資者の責任は、会社が債権者に負う責任で区別されます。出資者の責任には、直接責任・間接責任と、無限責任・有限責任の2つの区別があります。

直接か間接かの区別は、出資者が会社の債務を弁済する責任を直接負うか（直接責任）、その責任を負わずに会社への出資義務のみを負うか（間接責任）の違いです。無限か有限かの区別は、出資者が会社の債務について、個人の財産で限度なしに責任を負うか（無限責任）、一定の限度でのみ責任を負うか（有限責任）の違いです。

株式会社への出資者である株主は、間接有限責任を負うのみです。株主は株式会社に一定の限度で出資義務を負うだけであり、債権者に直接責任を負いません（合同会社も同様です）。

◆ 出資者（構成員）、株主、社員の違い

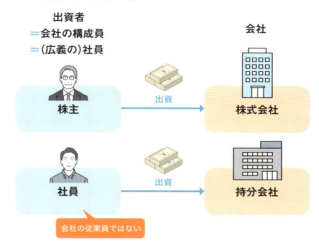

◆ 出資者の責任の区別

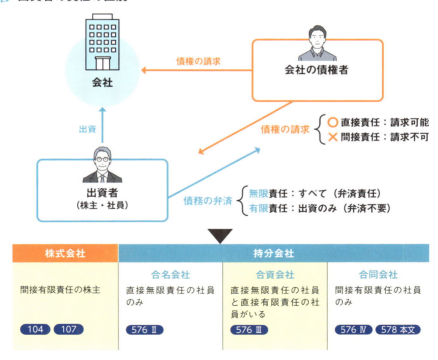

Chapter 1
05 株式会社の特徴

> **POINT**
> - 株式会社は、営利を目的とする人の集まりである社団法人
> - 株式会社では株式の流通が容易で、所有と経営が分離されている

株式が株主の地位となる株式会社

　日本の会社の形態では、株式会社が最も多く利用されています。これは複数人が共同で事業を行うしくみとして、株式会社が有効と考えられているためです。株式会社には、個人と別に<u>会社として権利・義務を有する存在</u>として法人格が認められます（法人性）。これにより会社自らで契約を締結でき、たとえば不動産の所有（具体的には法人名義での登記）などができます。このほか、次の6つの特徴があります。

①出資の払戻しができない
②株主の地位（株式）を譲渡できる
③持株比率で株主の権利の大きさが定まる
④株主の責任が有限である
⑤会社の経営機構が株主と分離している（<u>所有と経営の分離</u>）
⑥組織・運営・管理のルールが柔軟に設計できる

株式会社の主な特徴の内容

　株式会社の出資者である株主は、出資した資金を取り戻し、会社から脱退することは原則禁じられます（①）。一方、株式会社に対し、株式の引受価額を限度とする出資義務を負う以外、会社の債務について責任を負いません（④）。そのため、株式は<u>自由に譲渡</u>できることが原則です（②）。株主の権利の大きさは、<u>持株比率</u>という単純な数値で表され（③）、社外の人が株式の価値を容易に評価でき、株式が流通しやすくされています。これらの特徴により、株式会社は多くの人から出資を募り、事業資金を集めることができます。

　所有と経営の分離により、経営力がない人でも株主として事業に参画でき、資金がなくても経営力がある人が取締役として経営に加わることもできます（⑤）。株式会社には小規模な会社から世界的な上場会社まであります（⑥）。会社法は、さまざまな形態に適するよう、組織や運営、管理のルールが柔軟に設計されています。

株式会社の主な特徴

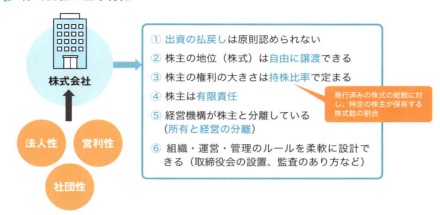

株式会社の特徴の具体的な内容

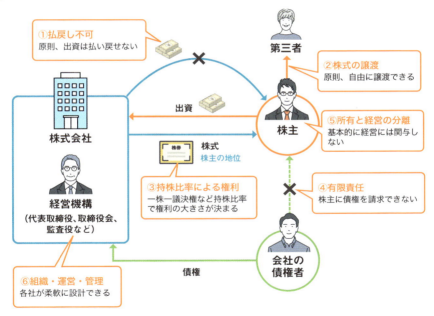

Chapter 1 06 株式会社の類型① 大会社

> **POINT**
> - 会社の類型により、法律の規制内容が変わる
> - 貸借対照表の負債の部の合計額が200億円以上ある会社は大会社

会社法による会社の分類

会社法は、大小すべての株式会社に適用されますが、規制の内容は会社の規模や組織形態(機関設計)などによって異なります。そのため会社法には、いくつかの会社の分類が存在します。次の4つは会社法を理解するうえで押さえておきましょう。

① 資産規模による分類(大会社とそれ以外の会社)
② 株式譲渡制限の有無による分類(公開会社とそれ以外の会社)[1-07参照]
③ 支配関係による分類(親会社と子会社)[1-07参照]
④ 取締役会などの機関[第2章参照]の設置状況による分類(取締役会設置会社と取締役会非設置会社、監査役設置会社と監査役非設置会社など)

なお、会社法の分類ではありませんが、上場会社かどうかも重要です。上場会社とは、金融商品取引所に株式を上場し、売買できるようにしている会社です。全国に約4000社あります。

大会社の定義と会社法による主な規定

①の分類での大会社とは、次のいずれかに該当する会社をいいます。
- 最終事業年度の貸借対照表に資本金として計上された額が5億円以上
- 最終事業年度の貸借対照表の負債の部に計上された額の合計額が200億円以上

大会社は資産規模が大きく、社会的影響力が大きいと考えられるため、会社法で特別の規定が適用されることがあります。たとえば、監査役会及び会計監査人を設置しなければなりません(②で公開会社でない場合、会計監査人を設置すれば監査役会は不要です。また、④で監査等委員会設置会社及び指名委員会等設置会社の場合、これらの設置義務はありません)。

大会社では、取締役や取締役会は、内部統制システム[2-12参照]を構築しなければなりません。そのほか、貸借対照表に加え、損益計算書も公告しなければならないとされています。

会社法による会社の主な分類

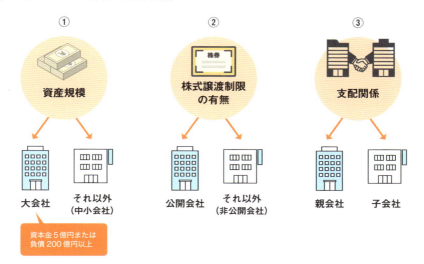

大会社に対する会社法の規制

① 監査役会及び会計監査人の設置義務 — 非公開会社、監査等委員会設置会社及び指名委員会等設置会社を除く
② 公開会社でない大会社 → 会計監査人の設置義務
③ 内部統制システムの構築義務
④ 貸借対照表に加え、損益計算書の公告
⑤ 公開会社で金融商品取引法による有価証券報告書提出会社
　→ 社外取締役の設置
　→ 取締役の各個人の報酬などの内容についての方針の決定義務
⑥ 有価証券報告書提出会社
　→ 連結計算書類の作成が必要
⑦ 清算する場合には監査役の設置が必要

大会社における監査役会・会計監査人の設置義務

	公開会社	非公開会社
① 大会社で監査等委員会または指名委員会等設置会社		会計監査人を設置 328 Ⅱ
② ①以外の大会社	監査役会及び会計監査人を設置 328 Ⅰ	

Chapter 1 07 株式会社の類型② 公開会社と親会社・子会社

> **POINT**
> - 譲渡制限がされていない株式が一部でもあれば公開会社である
> - 子会社かどうかは、経営が支配されているかによる

公開会社の定義と会社法による主な規定

発行する株式（定款に記載のある発行済みでないものも含む）の全部または一部について譲渡制限を定めていない会社を公開会社といいます。それ以外の、株式すべてに譲渡制限を定めている会社は非公開会社です。非上場会社の大部分は非公開会社です。

会社法において公開会社には、非公開会社と異なる特別の規制が多く定められています。たとえば次です。

① 取締役会を設置しなければならない
② 発行株式総数は発行可能株式総数の4分の1を下ることができない
③ 議決権制限株式数は発行済株式総数の2分の1以下でなければならない
④ 取締役・執行役の資格を株主に制限する旨を定款で定められない
⑤ 取締役・監査役の任期を延ばせない

親会社・子会社の定義と会社法による主な規定

会社によっては単独で事業を行うのではなく、複数の子会社を設立し、企業グループとして事業展開をすることがあります。A社がB社の議決権総数の過半数をもつなどして、ほかの会社（B社）の経営を支配している場合、その会社（A社）を親会社といいます。一方、経営を支配されている会社（B社）を子会社といいます。

「経営を支配している場合」とは、子会社の財務及び事業の方針の決定を支配している場合です。具体的には、ほかの会社の議決権の50％超を自己の計算に所有するなど、親会社が子会社の議決権の一定数を所有している場合です。A社がB社の発行済株式すべてを保有する場合は、A社を完全親会社、B社を完全子会社といいます。

会社法では、親会社と子会社の関係に多くの規定を設けています。たとえば、子会社は親会社の株式を取得することが禁止されます。また子会社の計算において、親会社の株主に利益供与をすることは禁止されます。

公開会社と非公開会社の違い

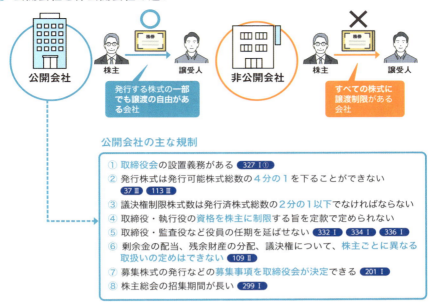

公開会社の主な規制

① 取締役会の設置義務がある 327 I①
② 発行株式は発行可能株式総数の4分の1を下ることができない 37 III 113 III
③ 議決権制限株式数は発行済株式総数の2分の1以下でなければならない
④ 取締役・執行役の資格を株主に制限する旨を定款で定められない
⑤ 取締役・監査役など役員の任期を延ばせない 332 I 334 I 336 I
⑥ 剰余金の配当、残余財産の分配、議決権について、株主ごとに異なる取扱いの定めはできない 109 II
⑦ 募集株式の発行などの募集事項を取締役会が決定できる 201 I
⑧ 株主総会の招集期間が長い 299 I

親会社の子会社に対する議決権の所有関係

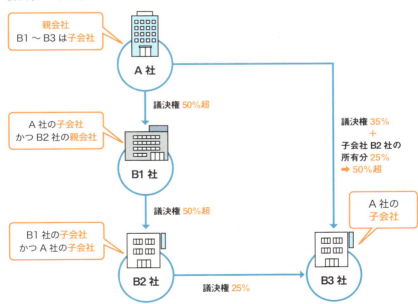

Chapter 1
08 会社の名前はどう決める？

> **POINT**
> - 会社の名称（商号）選定には一定の制限がある
> - 他人に会社の名称の使用を許す場合にはリスクがある

会社の名称を決める際の制限

　会社や個人などの商いを行う者が、自己または自己の営業をほかと区別するために用いる名称を商号といいます。会社では、会社の名称が商号となります。商号は、定款に定めるとともに、登記も必要です。商号は、営業主体の同一性を示す機能があります。そして長期間継続して使うことで、会社の名声や信用を高め、顧客や取引先、従業員を引きつける力をもちます。

　商号は名称なので、記号や図形、模様は商号にできません。また会社の種類により、商号中に株式会社、合名会社、合資会社、合同会社の文字を用いなければなりません。たとえば、「○○合同株式会社」のように、他種類の会社と誤認されるおそれのある文字を使うこともできません。

商号に関する会社法上の規制

　商号は不正の目的で、ほかの会社と誤認されるおそれのある名称を使うことはできません。これに違反して営業上の利益を侵害されたとか、侵害されるおそれがある会社は、違反者に侵害の停止や差止めを請求できます。「不正の目的で」とは、たとえば自己の営業を他社事業と顧客に誤認させるために、その他社の商号と同一か類似の商号・名称を用いることです。

　一方、自己の商号を使って事業や営業を行うことを他人に許諾することを名板貸といいます。この場合は、営業主体を誤認混同させる商号を使わせたことで外観を信頼した第三者を、名義使用を許諾した会社の弁済責任によって保護する制度が会社法にあります。たとえば、ある会社A（名板貸人）が他人B（名板借人）に自己の商号を使って営業などをすることを許諾したとします。すると、Aは自己を営業主と誤認してBと取引をした第三者（C）に対し、その取引で生じた債務について、Bと連帯して弁済の責任を負います 9 。

会社の商号とその規制

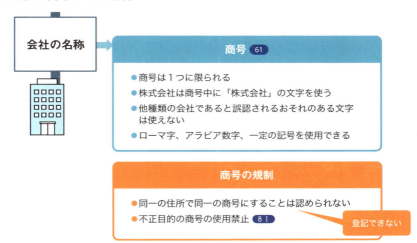

名板貸で発生する責任

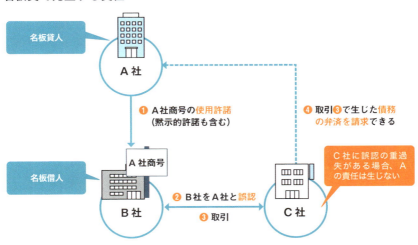

＋ONE　会社以外の商号に会社と誤認させる文字は使えない

会社でない者（個人や組合など）は、その名称または商号中に、会社であると誤認させるおそれのある文字を使うことはできません 7 。

Chapter 1
09 株式会社の事業活動の目的

> **POINT**
> - 株式会社が事業を行う目的は、定款と登記に明記される
> - 目的の範囲外の行為も有効だが、役員の責任問題が生ずる

株式会社が事業目的を決める際の制限

株式会社には、それぞれ事業を行う目的があり、その目的の実現のために活動しています。株式会社の目的は、定款に規定が必須の事項です（規定を欠くと定款が無効になります）。

目的は登記事項でもあり、株式会社と取引しようとする場合、その会社がどんな目的を有するかを登記の全部事項証明書などで確認できます。

定款における目的の記載には次の要件が求められています。
① 営利事業であること（営利性）
② 違法な事業でないこと（適法性）
③ 事業内容が何かが客観的、正確に確定できる程度に明確・具体的であること（明確・具体性）

株式会社の目的の範囲外の行為

民法34条では、法人は定款に定める「目的の範囲内において、権利を有し、義務を負う」と定めています。ただし会社法では、この規定は準用されておらず、権利能力が定款に定められた目的によって限定されるかが問題となります。目的の範囲外の行為は無効かについてです。具体的な事案について、裁判所が「目的の範囲外の行為」と認定することはほとんどありません。判例では「目的の範囲内の行為」には、その目的を遂行する際、直接・間接的に必要な行為も含まれ、かつ必要な行為かどうかの判断は、行為の客観的性質に即し、抽象的に判断されなければならないとしています。

したがって、取引相手が、取引をしようとする会社の目的を登記事項証明書で見て確認する必要はなく、締結しようとする取引がその会社の目的の範囲外でも、その取引が無効になることはないと考えてよいでしょう。

もっとも、会社内では取締役などの責任が問題となります。すなわち取締役や執行役などが定款の目的に反する行為をした場合、その者の解任請求事由となり、かつその者の会社に対する損害賠償責任が生じます。

◆ 定款への記載が求められる株式会社の目的

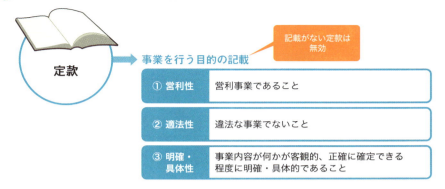

◆ 定款所定の目的外の行為をした場合

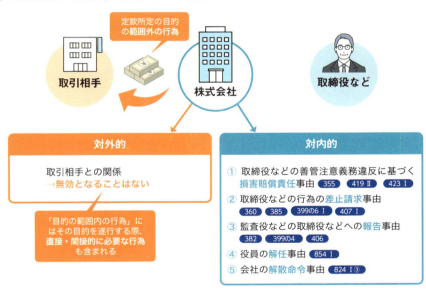

＋ONE　許認可の要件に適した事業目的

業種によっては、事業を始めるにあたり、行政機関の許認可が必要な場合があります。たとえば美容院の開業には保健所への届出、飲食店の開業には保健所の許可が必要になります。許認可が必要な事業を行う際には、許認可の要件に適した事業目的を定款に記載しておかなければなりません。

Chapter 1
10 株式会社の利害関係者（ステークホルダー）

> **POINT**
> - 株式会社には、多くの利害関係者が存在する
> - 株主だけではなく、公共の利益の追求も期待されている

株式会社と法律関係にある関係者

　会社法は、会社をめぐる関係者の法律関係を調整する法律です。この場合の法律関係者とは、従来から株式会社の出資者である株主と、金融機関や原材料の供給業者などの債権者と考えられています。実際、その保護のための規定が多数設けられています。

　これに対し、近時は株式会社が大規模となり、社会に与える影響力が大きくなるにつれ、株主や債権者以外の利害関係者（ステークホルダー）に配慮することも求められています。利害関係者とは、会社の目的達成に影響を与え、会社から影響を受ける集団をいいます。株式会社の場合、株主や債権者のほか、従業員、顧客（消費者）、下請企業、国、地方公共団体、地域住民などが含まれます。

　さらに、株式会社と株主との関係に関連し、会社内部では株式会社の機関として関係する者が存在します。取締役、監査役、会計監査人などです。

株式会社における公共の利益の追求

　株式会社をより社会的な存在として、株主や債権者以外の者の利益も考慮すべきとの見解もありますが、会社法にはこれら利害関係者に関する具体的な規定は存在しません。したがって、どう利益調整をするかは、会社法の解釈に委ねられています。日本の会社法に規定された株式会社に関しては、株式会社は株主のものであり、取締役などは、株式会社（株主）の利益を最大化するよう行動すべきと規定されていると考えられます。したがって会社法では、取締役は株式会社に対して善管注意義務や忠実義務を負うと定めていますが[4-09参照]、これらは原則、株主の利益を最大化するために行動すべき義務と捉えられます。

　もっとも、従業員や消費者の利益を全く無視した経営は株式会社（株主）の利益にならず、善管注意義務の履行にも株式会社の社会的責任が影響する場合があります。

株式会社の主な利害関係者

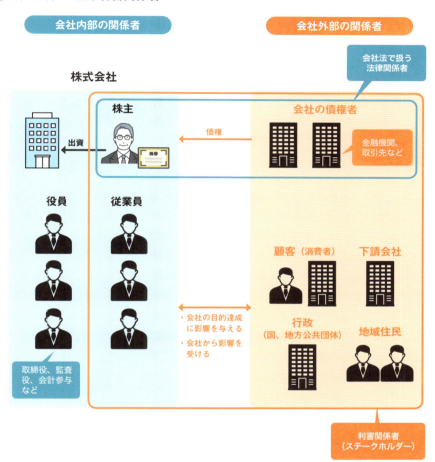

+ONE 会社に積極的に関わるアクティビスト

上場会社の株式を取得し、取締役会や経営陣に対して、事業のリストラクチャリングや配当の増大などを積極的に求めるアクティビストと呼ばれる投資家の活動が話題になっています。

Keyword 社会的責任　CSR（Corporate Social Responsibility）ともいう。

Chapter 1 - 11 コーポレートガバナンス（企業統治）

> **POINT**
> - コーポレートガバナンスとは、経営者の行動を規律する枠組み
> - 上場会社では、会社法以外の規律（ソフトロー）も重要

会社法で求めるコーポレートガバナンス（企業統治）

　コーポレートガバナンスとは、広くは経営者の行動（企業活動）を規律する枠組みや、会社の運営・管理のあり方のことをいいます。求められるのは主に上場会社で、その目指すところは次の2つです。①法令を遵守した経営を行うこと（違法行為の抑止・コンプライアンスの確保）、②効率的な経営や生産性・収益性の維持・向上により持続的に成長できるようにすること。

　会社法では、株式会社の機関設計で、株主、（社外）取締役、監査役、会計監査人などによる経営者の監視体制を整えることなどで、コーポレートガバナンスの確保を目指しています。同時に、計算書類や事業報告、株主総会参考書類などの開示、株主総会での説明義務などを通じ、そのために経営者が適切な方策を講じることを求めています。

　特に上場会社では、法令（ハードロー）だけではなく、それ以外の規律（ソフトロー）も重視されています。

会社法以外のコーポレートガバナンスのための規律

　ソフトローの1つとして、**コーポレートガバナンス・コード**があります。これは、東京証券取引所が有価証券上場規程に添付する形で策定し、2015年6月から施行されているものです。このコードは、基本原則、原則、補充原則から構成されます。

　このコードに従うことは強制されず、各社が自らの個別事情と照合し、ある原則の実施が適切でないと考える場合には、それを実施しない理由を説明することで不遵守が認められます。このように、原則を実施するか、不実施には理由説明を求める規律を**コンプライ・オア・エクスプレイン・ルール**といいます。これにより、規制の柔軟性を確保しつつ、合理性の判断を市場の評価に委ねています。

> **Keyword　コーポレートガバナンス**　金融庁では「透明・公正かつ迅速・果断な意思決定を行うためのしくみ」とされている。

◆ コーポレートガバナンス（企業統治）の目的

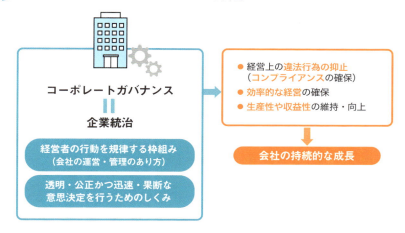

◆ 会社が影響を受けるハードローとソフトローの例

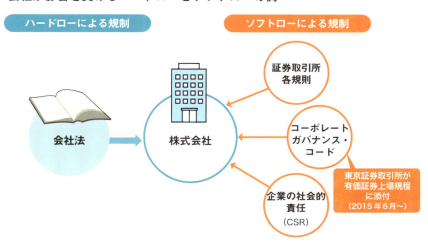

＋ONE　不祥事防止のためのコーポレートガバナンス

コーポレートガバナンスは、1970年頃の米国における上場会社の大規模な会計不正の発生を契機として論じられるようになった概念です。日本でも1990年代頃から、上場会社の経営者のあり方、具体的には会社を支配している経営者（常勤で会社の業務執行に従事する者）に対する規制のあり方をめぐって議論されるようになりました。

COLUMN 1

株式会社として法人格を取得する意味

社会的信用が高い「株式会社」

　実体は個人企業でありながら、形式上は法人になることを「法人成り」といいます。法人成りは、個人より法人のほうが社会的信用が高く、有限責任の利益を得られるために行われます。加えて、その最大の理由は税務的なメリットがあることです。すなわち、法人に所得を留保すれば、配当時まで個人の課税を繰延べできます。また、法人税は税率が一定であるため、経営者本人及びその家族を法人の従業員にすることで所得を分け、所得税の高い累進税率（金額の増加に応じて高い税が課される税率）の適用を避けることができます。

　法人のなかでも、金融機関から融資を受けたり、事務所を借りたり、原材料の取引を行うなどの際、一般に社会的信用が高いとされる「株式会社」が特に多く選択されています。国税庁の調査では、2023年度における会社の数（構成比）は、株式会社が269万1,378社（92.4％）、合名会社3,068社（0.1％）、合資会社1万2,290社（0.4％）、合同会社18万4,719社（6.3％）、その他2万2,798社（0.8％）です。

　なお、株式会社は社団法人であり、社団は複数人の結合を意味しますが、会社法では株主が1人しかいない会社（一人会社）も認められます。

会社と株主などを同一のものと扱う「法人格否認の法理」

　会社は法人であり、会社自身が権利・義務の主体となる一方、会社が負担すべき義務を会社以外の株主が負担する必要はありません。このことが、かえって正義・公平に反する結果となるおそれがあります。そのため判例では、例外的な状況下でその事案に限り、会社の法人格の独立性を否定し、会社とその株主や別の会社を同一のものと扱うことで、妥当な処理が図られることがあります。これを「法人格否認の法理」といいます。具体的には、会社と株主の財産が混同されており、会社が実質的に個人企業であるような場合（法人格の形骸化）や、法人格を利用している株主が違法・不当な目的のために法人格を濫用する場合に、法人格が否認されます。

Chapter 2

株式会社の機関

株式会社には、各社の判断により、さまざまな機関を設置できます。株式会社の機関とは、会社の意思決定や運営などの役割を担う自然人や会議体を指します。主なものに、取締役や監査役、株主総会や取締役会などがあります。第2章では、機関設置のルールと、各機関の役割や特徴などについて説明します。

Chapter 2 01 株式会社の意思決定と運営を担う機関

> **POINT**
> - 機関には取締役や監査役、株主総会や取締役会などがある
> - 株主総会と取締役はすべての株式会社に設置が必要

会社の意思決定を行うために必要な機関

　機関とは、株式会社の意思決定や運営などに携わる者として、会社法に定められている自然人または会議体をいいます。自然人とは生きている個人のこと（法人に対する用語）であり、会議体とは複数の自然人からなる組織のことを指します。

　機関は、取締役や監査役、株主総会や取締役会などが該当します。取締役や監査役のような自然人がその地位に就く場合と、株主総会や取締役会のような会議体の場合があります。株式会社は法人であり、自ら意思をもって行動できないので、一定の者（自然人や会議体）の意思決定や行為を会社のものとする必要があります。そのため、会社法では機関が設けられています。

　もっとも会社法では、株式会社の意思決定や運営をする権限がない取締役や会計監査人も機関として規定しており、本書ではそれらも機関として扱います。

株式会社の機関の種類

　会社法では、右ページ上図のように機関を定めています。このうち、株主総会と取締役はすべての株式会社に設置される機関です 295Ⅰ 326Ⅰ 。その理由として、株式会社は基本的に株主が株主総会で取締役を選び、その取締役に株式会社の運営や管理を行わせるしくみを採用しているためです。

　そのほかにどのような機関を設置するかは、各社の自治に委ねられています。株主総会と取締役のほかに設置する機関は、法律の制限内でそれぞれの株式会社が選ぶことができます。取り決めた内容は定款［P.14参照］にまとめ、登記［9-05参照］する必要があります。

　多くの中小企業では、会社の基本的事項を決定する株主総会、会社の業務執行を決定する取締役会、業務を具体的に執行して会社を代表する代表取締役、会社の業務や会計を監査する監査役が設けられています。

◆ 機関の種類

◆ 中小企業における主な機関の関係（取締役会設置会社の場合）

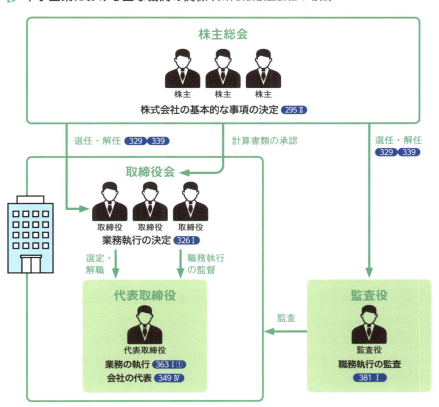

Chapter 2
02 株式会社における機関設置のルール

> **POINT**
> - 会社法では、機関設置についてさまざまな選択が可能
> - 公開会社か大会社かに応じてルールが決められている

株式会社における機関設置の制限

　株式会社では、株主総会と取締役のほかに設置する機関の選択は、会社法の制限内で、各社の判断に委ねられています。機関設置に関する会社法の制限では、株式会社が公開会社（株式の譲渡を制限していない株式会社）か、大会社（資本金5億円以上または負債総額200億円以上の株式会社）かにより分けられます。その選択肢は、右ページ上図の4つの区分です。

取締役や監査役などに関する設置のルール

　取締役や監査役などについては、次のルールに基づいています。

❶公開会社は取締役会が必要

　公開会社は取締役会を設置しなければなりません。公開会社は株式を自由に譲渡でき、株主が頻繁に代わることから、株主が継続して経営に関与することが困難なため、会社の運営・管理を取締役会に委ねることが必要です。

❷取締役会設置会社は監査役が必要

　委員会型の株式会社を除き、取締役会設置会社は監査役を設置しなければなりません。株主総会の権限が限定され、会社の運営・管理の権限が取締役会に集まるため、取締役の職務執行を監査する役割が必要です。例外として、非公開会社で会計参与を置く取締役会設置会社は、監査役が不要です。

❸大会社は会計監査人が必要

　大会社は会計監査人を設置しなければなりません。大会社は規模が大きく、計算書類が複雑になるためです。

❹会計監査人設置会社は監査役が必要

　委員会型の株式会社を除き、会計監査人設置会社は監査役を設置しなければなりません。会計監査人の選任・終任や報酬決定に関与するためです。

❺監査役会設置会社は取締役会が必要

　監査役会設置会社は取締役会を設置しなければなりません。取締役会を置かず、監査は監査役会が行うという複雑なしくみにする必要はないためです。

機関設置の選択肢の4つの区分

	非公開会社	公開会社
非大会社	**①非公開会社で、非大会社** ● 取締役 ● 取締役＋監査役 ● 取締役＋監査役＋会計監 ● 取締役会＋会計参与（強制） ● 取締役会＋監査役 ● 取締役会＋監査役会 ● 取締役会＋監査役＋会計監 ● 取締役会＋監査役会＋会計監 ● 取締役会＋三委員会＋会計監 ● 取締役会＋監査等委員会＋会計監	**③公開会社で、非大会社** ● 取締役会＋監査役 ● 取締役会＋監査役会 ● 取締役会＋監査役＋会計監 ● 取締役会＋監査役会＋会計監 ● 取締役会＋三委員会＋会計監 ● 取締役会＋監査等委員会＋会計監
大会社	**②非公開会社で、大会社** ● 取締役＋監査役＋会計監 ● 取締役会＋監査役＋会計監 ● 取締役会＋監査役会＋会計監 ● 取締役会＋指名委員会等＋会計監 ● 取締役会＋監査等委員会＋会計監	**④公開会社で、大会社** ● 取締役会＋監査役会＋会計監 ● 取締役会＋指名委員会等＋会計監 ● 取締役会＋監査等委員会＋会計監

会計監＝会計監査人［2-08 参照］
三委員会＝指名委員会・監査委員会・報酬委員会［2-09 参照］
指名委員会等＝指名委員会等設置会社［2-09 参照］
監査等委員会［2-10 参照］
※すべてについて、会計参与を設けることもできる

株主総会・取締役会に関する会社法のルール

❶ 公開会社は、取締役会を設置しなければならない 327Ⅰ①

❷ 取締役会設置会社（委員会型を除く）は、監査役を設置しな
ければならない 327Ⅱ本文

> 非公開会社で会計参与を置く取締役会設置会社の場合は例外

❸ 大会社は、会計監査人を設置しなければならない 328ⅠⅡ 327Ⅴ

❹ 会計監査人設置会社（委員会型を除く）は、監査役を設置しなければならない
327Ⅲ

❺ 監査役会設置会社は、取締役会を設置しなければならない 327Ⅰ②

Keyword **委員会型（会社）** 指名委員会等設置会社［2-09 参照］及び監査等委員会設置会社［2-10参照］のこと。

Chapter 2 03 株式会社の役員の役割と種類

> **POINT**
> - 会社法の役員とは、取締役、監査役、会計参与のことをいう
> - 社長や執行役員は、会社法に規定のない任意の役職

会社法における「役員」「役員等」とは誰か

　取締役や監査役は一般に、株式会社の役員と呼ばれていますが、実際に役員と呼ばれている人と法律上の役員は必ずしも同じではありません。

　会社法では、取締役、監査役、会計参与を「役員」と呼んでいます 329 I 。さらにこの役員に、執行役、会計監査人を加えた者を「役員等」と呼んでいます 423 I 847 I 。なお金融商品取引法では、執行役も役員に含めていますが 金商法21 I ① 、執行役は株主総会で選任されないため、役員から除外されます。また会計監査人は、外部の専門家として会計監査を行う者であり、会社組織に属する者とは考えられていないことから除外されます。

　会社法に規定されていない役職も、定款や株式会社の規則などで、任意に定めることができます。経営トップの地位にある者は通常「社長」と呼ばれますが、これは任意の役職であり、会社法では代表取締役または代表執行役です。また実務上、取締役の数の減員などのために設けられることがある執行役員も、会社法に規定のない任意の役職です。

「役員」と「役員等」の違いと実務上の役員

　会社法において「役員等」と規定するのは、株式会社への任務懈怠責任[4-13参照]や第三者への責任を負うことと、株主代表訴訟の対象となることです。会社法に規定のない執行役員は、機関として何らかの権利や義務があるわけではありません。ただし通常、相当の裁量権があり、重要な使用人といえます。そのため、取締役会設置会社では、執行役員の選任・解任の決定を取締役に委任できないと考えられています（取締役会が決定）。なお、「経営者」は会社法の用語ではありませんが、常勤で株式会社の業務執行を担う者をいいます。経営者は通常、社外取締役を除く取締役で、指名委員会等設置会社において社長を頂点とする執行役がこれに該当します。

会社法における役員、役員等と実務上の役員の関係

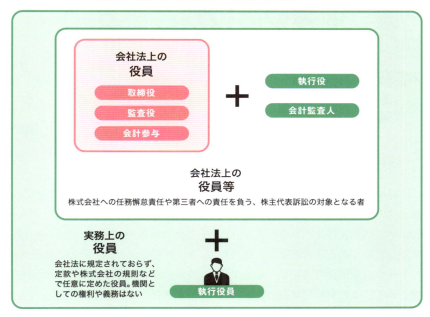

役員等の役割による分類

> **+ONE　法人税法上の「役員」**
>
> 法人税法でも「役員」という用語が使われますが、会社法の役員とは異なります。法人税法の役員は清算人のほか、相談役や顧問など、法人の使用人以外で、その法人の経営に従事している者も含みます。

Chapter 2
04 取締役の役割と種類

> **POINT**
> - 取締役の役割は、取締役会設置会社と非設置会社で異なる
> - 取締役には、業務執行取締役、特別取締役、社外取締役がある

取締役会設置会社と非設置会社の取締役の役割

　取締役会非設置会社の取締役は原則、株式会社の業務を執行し、会社を代表します。取締役が2人以上いるときは、定款に定めがある場合を除き、株式会社の業務は取締役の過半数をもって決定します。また取締役は各自、会社を代表しますが、定款の定めに基づく取締役の互選などにより、代表取締役を定めることができます。

　取締役会設置会社では、取締役は取締役会の構成員にすぎません。3人以上の取締役で構成される取締役会が、その決議により株式会社の業務執行を決定します。さらに取締役は、その決定を執行する代表取締役またはそれ以外の業務執行取締役を選定し、権限を委任して、その者の職務の執行を監督します。

会社法における取締役の種類

　代表取締役のほかに、業務執行取締役、特別取締役、社外取締役がいます。

　業務執行取締役とは、①代表取締役、②取締役会の決議により一定の業務執行の決定・運営を委任された代表取締役以外の取締役、③代表取締役から一部の運営を委任され株式会社の業務執行をするその他の取締役をいいます。②は、定款に従い、取締役会の決議で選定された専務取締役や常務取締役などが該当します。

　特別取締役とは、指名委員会等設置会社を除く取締役会設置会社で、取締役の数が6人以上かつ社外取締役がいる場合に、重要財産の処分及び譲受け、または多額の借財を決定する、取締役会への参加権限をもつ取締役をいいます。何が重要財産の処分などに該当するかは不明確であり、これらを決定するための取締役会を開催せずに、迅速な意思決定を可能とするためのものですが、実務ではあまり利用されていません。

　社外取締役は、業務執行取締役などではない取締役で、一定の独立性（要件は図表）をもつ者です。

取締役の主な役割

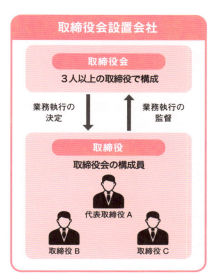

取締役の種類

代表取締役	業務執行取締役	特別取締役	社外取締役
株式会社を代表する取締役	業務の執行や運営を行う取締役	重要財産の処分及び譲受け、または多額の借財を決定	外部で株式会社の経営を監督する取締役
349 Ⅳ	2 ⑮ イ	373 Ⅰ	2 ⑮

❶ 代表取締役
❷ 取締役会で選定された専務取締役、常務取締役など
❸ 代表取締役から一部の業務を委任された取締役

社外取締役になれない者（資格要件）

	社外取締役になろうとする者の地位
① 当該株式会社 ② 子会社	業務執行取締役など（業務執行取締役、執行役、使用人） ＋過去10年以内に業務執行取締役などであった者 ＋横滑り規制 2 ⑮ ロ
③ 親会社など	親会社など※自身、取締役、執行役、使用人
④ 親会社の子会社など	業務執行取締役など
⑤ 取締役、重要な使用人、親会社など※	近親者（配偶者＋2親等内の親族）

※親会社などが自然人の場合

第2章　株式会社の機関

045

Chapter 2
05 監査役の役割

> **POINT**
> - 監査役の職務は、取締役の職務執行を監査すること
> - 監査役は独立性を担保するため、地位が強化されている

監査役は取締役の職務執行を監査

　監査役は、取締役（及び会計参与）の職務執行を監査する機関です。監査とは、行為者と別の者が、職務執行の状況を調査し、必要があればそれを是正することを意味します。

　株式会社は定款の定めにより、監査役を設置できます。監査役は、善良な管理者の注意義務［4-09参照］により監査権限を行使しなければなりません 330　民法644 。

　取締役会設置会社は原則、監査役を設置しなければなりません（会計参与を設置すれば設けなくてもよい）。業務執行の決定は取締役会が行い、株主総会の権限が制約されるため、株主に代わる取締役の監視機関として監査役が必要とされます。

　また会計監査人設置会社も、監査役の設置が必要です。会計監査を有効に機能させるためには、監査対象である取締役から、会計監査人の独立性を確保することが重要です。そのためには、監査役による業務監査が不可欠と考えられるためです。

監査役の選任の手続

　監査役は、株式会社の取締役や使用人、または子会社の取締役や執行役、使用人を兼ねることができません（兼任禁止）。監査する者とされる者が同一では、監査の成果が出ないためです。同じ理由で、会社または子会社の会計参与を兼ねることができません。

　監査役の任期は、選任後4年以内に終了する事業年度のうち、最終のものに関する定時株主総会の終結時までです。監査役の地位と独立性を担保するため、法定任期の短縮はできません。

　会社成立後の監査役の選任は、株主総会の決議によります。監査役選任議案は、監査役の同意を得なければならず、取締役に対し、監査役選任を総会の目的とするよう請求できます。また監査役は、監査役選任について、監査役の意向を反映させるべく総会で意見を述べることができます。

監査役の主な職務・権限

調査権限
① 取締役などに対する、事業の報告請求、業務・財産状況の調査権
② 子会社調査権 — 当該会社の監査において、必要に応じて子会社に事業の報告を求め、業務・財産の状況を調査できる

是正権限
③ 取締役会に出席し、必要と認めるときは意見を述べる義務がある
④ 取締役が不正行為を行う、もしくは行うおそれがあると認めるとき、遅滞なく取締役（取締役会）に報告する — または法令定款に違反する事実や、著しく不当な事実があると認めるとき
⑤ 法令定款の違反行為の差止請求権
⑥ 株式会社と取締役・監査役などの訴訟について会社を代表
⑦ 取締役の責任の一部免除などへの同意
⑧ 各種の訴えの提起、特別清算開始などの申立て

報告権限
⑨ 事業年度ごとに監査報告を作成し、監査結果を株主などへ報告
⑩ 株主総会への提出議案・書類の調査報告の義務

監査役の選任の手続の流れ

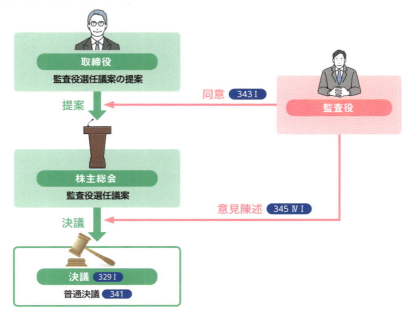

Chapter 2 06 監査役会の役割

> **POINT**
> - 監査役会は、監査役の全員で組織される機関
> - 監査役会の決議には、監査役の過半数が必要

監査役会は監査報告の作成などを行う

　株式会社は、定款の定めにより、監査役会を設置できます。監査役会は、監査役全員で構成される会議体です。監査役を設置している場合でも監査役会を設けるかは原則任意です。監査役会を設ける理由として、剰余金の配当などを取締役会で決定させるためには、監査役会設置会社であることが要件となることが挙げられます。

　大会社である公開会社は、監査役会を設置しなければなりません。監査役会は、監査報告の作成、常勤監査役の選定・解職、監査の方針、株式会社の業務及び財産状況の調査の方法その他の監査役の職務執行に関する事項の決定を行います。監査役会を設置する場合、監査役会による監査の範囲を、会計に関するものに限定できません。

監査役会の構成と運営

　監査役会を設置する場合（監査役会設置会社）は、3人以上の監査役全員で組織する必要があります。また、監査役のなかから1人以上の常勤監査役を選定しなければなりません。常勤監査役は、ほかに常勤の仕事がなく、会社の営業時間中、原則としてその会社の監査役の職務に専念する者です。さらに監査役会の監査役の半数以上は社外監査役 2 Ⅵ でなければなりません。独立性の高い者を加えることで、監査機能を高めることが目的です。

　監査役会は、監査役それぞれが招集できます。独任制のため、招集権者の限定は認められません。招集手続及び議事録は取締役会と同じです。監査役会の決議は、監査役の過半数で決定します。1人1議決権であり、信頼関係に基づくため代理人は認められません。

　監査役会という独任制の監査役による合議体を設けた理由から、書面の決議は認められません。なお、監査役全員の同意が必要な事項については、監査役会の決議は必要ありません。

Keyword　**独任制**　一人ひとりが独立して職務を遂行し、意思決定をして、権限を行使できること。

監査役会の主な役割と体制

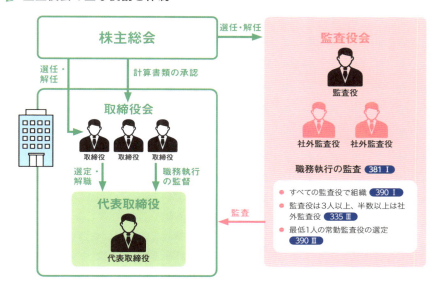

監査役会の権限

1. 監査報告の作成・提出 `390 Ⅱ①`
2. 常勤監査役の選定及び解職 `390 Ⅱ②`
3. 監査の方針、会社の業務及び財産状況の調査の方法その他の監査役の職務執行に関する事項の決定 `390 Ⅱ③`
4. 取締役及び会計監査人から報告を受け `357`、取締役及び会計監査人から計算書類、附属明細書または監査報告を受領
5. 会計監査人の選任、不再任または解任の議案の内容を決定 `344 Ⅰ Ⅲ`
6. 会計監査人を解任 `344 Ⅱ③`し、一時会計監査人を選任 `340` `346 Ⅳ Ⅵ`

＋ONE 監査役会の開催

取締役会は、３カ月に１回以上開催しなければなりませんが `363 Ⅱ`、監査役会にはそのような制限はありません。取締役会の前後に開催されることが一般的です。決議が不要な監査役全員の同意が必要な事項としては、会計監査人の解任 `340 Ⅱ Ⅳ`、取締役の会社に対する責任の一部免除などの議案の提出 `425 Ⅲ`、取締役の責任を追及する訴えの訴訟で和解する場合 `849の2①` などがあります。

Chapter 2
07 会計参与の役割

> **POINT**
> - 会計参与は、取締役と共同で計算書類を作成する
> - 会計参与は、公認会計士、監査法人または税理士、税理士法人がなる

会計参与は計算書類を作成する権限をもつ

　会計参与は、取締役と共同で計算書類を作成する権限を有する機関です。主に会計監査人設置会社以外の会社において、税理士を選任する形態で運用され、中小企業の計算書類の適正化が図られることが期待されています。計算書類とは、貸借対照表や損益計算書など、株式会社の財産や損益の状態を示すための書類のことです［7-02参照］。

　会計参与は、特例有限会社［10-01参照］を除くすべての株式会社で任意に設置できます。ただし、取締役会設置会社が監査役を設置しない場合には、会計参与を設けなければなりません。

　会計参与は役員［2-03参照］であり、株式会社との関係は委任に関する規定に従います。したがって、職務執行について善良な管理者の注意義務［4-09参照］を負います。ただし、取締役のような競業及び利益相反取引に関する規制は存在しません。

会計参与の選任の手続

　会計参与は、公認会計士、監査法人（5人以上の公認会計士を従業員として設立される法人）または税理士、税理士法人（2人以上の税理士を従業員として設立される法人）でなければなりません。会計参与は、会社またはその子会社の取締役、執行役、使用人となることができません。会社の業務執行からの独立性を保持するためです。

　また会計参与は、会社もしくはその子会社の監査役または会社の会計監査人となることができません。

　会計参与の数には特に制限がありません。任期は取締役と同じく、原則2年です。会社設立後は、株主総会の決議によって選任されます。取締役と異なり、累積投票［P.90参照］や種類株主総会［6-04参照］で選任することはできません。

　会計参与は、自己またはほかの者の選任・解任または辞任について、株主総会で意見を述べることができます。

◆ 会計参与の主な役割

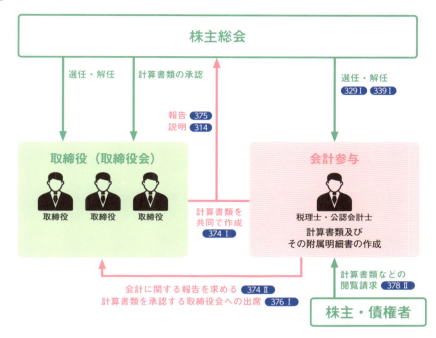

◆ 会計参与の職務・権限

❶ 計算書類及びその附属明細書の作成
❷ いつでも会計帳簿を閲覧謄写し、取締役、執行役、使用人に対して会計に関する報告を求める 374 Ⅱ～Ⅵ
　※必要があれば、子会社に対して会計に関する報告を求めたり、会社や子会社の業務・財産の状況を調査したりする
❸ その職務を行うに際して、取締役、執行役の職務の執行に関し不正の行為を発見したときは、遅滞なく監査役などに報告しなければならない 375
　※または法令定款に違反する重要な事実があること
❹ 会計参与報告の作成 374 Ⅰ後段

＋ONE　会計参与の計算書類などの開示

会計参与は、株式会社とは別に計算書類などを備え置かなければなりません 378 Ⅰ 。そして原則として、営業時間内は株主及び債権者の請求に応じていつでも計算書類などを閲覧させなければなりません 378 Ⅱ 。その際、会計参与に説明義務はありません（任意に質問に答えることはできます）。

Chapter 2
08 会計監査人の役割

> **POINT**
> - 会計監査人の職務は、計算書類などを監査すること
> - 会計監査人は、会計監査報告を作成し、監査役及び取締役に通知

会計監査人は計算書類などを監査

　会計監査人は、会計監査人設置会社である株式会社の計算書類［7-02参照］及びその附属明細書などについて、会社との契約で委任を受けて監査を行う機関です。そのため会計監査人は、善良な管理者の注意義務［4-09参照］を負います。会計監査人になれるのは、公認会計士（外国公認会計士を含む）または監査法人に限られます。

　大会社及び指名委員会等設置会社［2-09参照］、監査等委員会設置会社［2-10参照］は、会計監査人を設置しなければなりません。大会社は一般に計算関係が複雑で、債権者などの利害関係者が多くなることが多いため、会計監査人の監査を受け、会計処理の適正さを担保する必要があるためです。

　また委員会型の株式会社［P.40参照］では、業務執行取締役や執行役に広範な権限委任が認められるため、専門性の高い監査が必要です。それ以外の株式会社では設置は任意です。定款の定めにより会計監査人を設置した場合、業務監査権限を有する監査役を設けなければなりません。会計監査人の経営陣からの独立性を確保するため、その選任・終任や報酬決定に監査役が関与することになっているのです。

会計監査人の選任の手続

　会計監査人は、株主総会の普通決議で選任されます。会計監査人の独立性を確保するため、株主総会に提出する会計監査人の選任・解任の議題は、監査役（2人以上いる場合はその過半数）、監査役会設置会社では監査役会が決定します。

　会計監査人が職務上の義務に違反したとき、職務を怠ったとき、会計監査人として不適切な行為があったとき、心身の故障で職務執行に支障があるか執行に耐えられないときには、監査役は会計監査人を解任できます。

　監査役と同様に、会計監査人はその選任・解任、辞任について株主総会で意見を述べられます。

会計監査人の主な役割

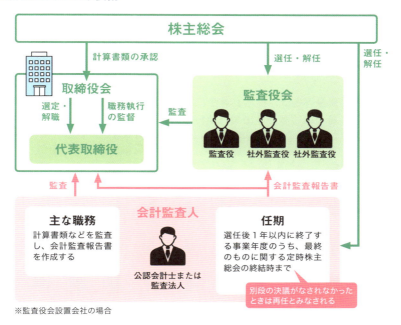

※監査役会設置会社の場合

会計監査人の会計監査報告書の内容 　会社計算規則126

❶ 会計監査人の監査の方法、その内容
❷ 計算書類が会社の財産や損益の状況を、すべての重要な点において適正に表示しているかどうかに関する意見
❸ ❷の意見がないときはその旨、及びその理由 　意見差控え
❹ 継続企業の前提に関する注記に関する事項
❺ 事業報告などと計算書類などとの間の重要な相違などにかかる事項
❻ 追記情報
❼ 会計監査報告を作成した日

＋ONE　会計監査人の報酬

会計監査人の報酬などは株主総会の決議で定める必要はありませんが、取締役が定める場合には監査役（2人以上いる場合はその過半数、監査役会設置会社では監査役会、委員会型会社では監査委員会）の同意が必要です。

Chapter 2
09 指名委員会等設置会社の特徴

> **POINT**
> - 指名委員会等とは、指名委員会、監査委員会、報酬委員会の3つ
> - 指名委員会等設置会社の業務執行は執行役が行う

指名委員会等設置会社での業務執行の決定

　指名委員会等設置会社は、社外取締役を中心とした3つの委員会を設け、会社経営の適法性や効率性に関わる意思決定を行わせるものです。具体的には、①指名委員会が取締役候補の人選、②監査委員会が会社の業務執行の監査、③報酬委員会が取締役や執行役の報酬決定をそれぞれ行います。これらを合わせて「指名委員会等」といいます。

　指名委員会等設置会社では、取締役が業務執行を行うことは許されず、執行役が行います。これは、監督と執行を分離する趣旨で、代表行為は代表執行役が行い、監査役や監査等委員会は設置できません。また、取締役会で決定すべき事項は限られ、その分、執行役に委任できる範囲が広くなっています。指名委員会等設置会社は、指名委員会や報酬委員会の設置を強制されるため、あまり利用されていません。

指名委員会等設置会社の各機関の役割

　指名委員会等設置会社では、取締役の任期は1年です。取締役は原則、業務執行ができませんが、社外取締役以外は執行役を兼任し、執行役としての資格で業務執行ができます。取締役は執行役を監視・監督する立場にあるため、執行役の指揮命令を受ける支配人などの使用人を兼任することは認められません。

　取締役会は、各委員会の委員の選定・解職、執行役の選任・解任、代表執行役の選定・解職を行います。また、会社経営の基本方針や内部統制システム [2-12参照] にかかる事項その他の重要事項を決定し、執行役などの職務執行を監督します。

　三委員会の委員は、取締役のなかから取締役会の決議によって選定されます。各委員会は3人以上の委員で組織され、委員の過半数は社外取締役でなければなりません。監査委員会では、業務執行取締役との兼任は禁止されます。執行役は、取締役会の決議により1人または2人以上選任されます。

指名委員会等設置会社における取締役会と三委員会の関係

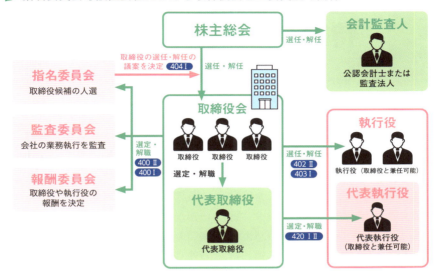

三委員会の権限

指名委員会	株主総会に提出する取締役の選任・解任に関する議案の内容を決定 404 I
監査委員会	執行役など（執行役・取締役・会計参与）の職務執行を監査する権限 404 II① （職務執行の妥当性を監査する権限も有する） 調査権限 405 I 是正権限 違法行為の差止請求権 事業年度ごとの監査報告を作成する権限
報酬委員会	執行役・取締役・会計参与が受ける個人別の報酬などの内容を決定する権限

055

Chapter 2
10 監査等委員会設置会社の特徴

> **POINT**
> - 監査等委員会が取締役の職務執行を監査する
> - 監査等委員として選任された取締役が監査等委員会を組織する

経営者の工夫に任せる監査等委員会設置会社

　監査等委員会設置会社は、監査役会設置会社［2-06参照］と指名委員会等設置会社［2-09参照］の中間的なガバナンス（管理体制）のしくみです。指名委員会等設置会社があまり利用されていないことで、指名委員会や報酬委員会を設置しなくてもよいとするこの制度が設けられました。上場企業での採用率は高まっており、約4割程度に達しています。

　監査等委員会設置会社は、取締役の一部が監査等委員となり、取締役会で経営の妥当性をチェックして議決権を行使します。この点で、指名委員会等設置会社における監査委員（会）と類似し、監査役とは異なっています。この制度は、指名委員会等設置会社ほど法律で縛らず、経営者の監督のやり方を各社の工夫に任せようとしている点に特徴があります。

監査等委員会設置会社の各機関の役割

　監査等委員会は、すべての監査等委員で構成され、監査等委員は取締役でなければなりません。監査等委員となる取締役は、ほかの取締役と区別して株主総会で選任され、任期は3年です。監査等委員である取締役は3人以上で、その過半数は社外取締役でなければならず、会社・子会社の業務執行取締役や使用人などと兼任できません。

　監査等委員会の職務は、指名委員会等設置会社における監査委員会や監査役（会）の職務とほぼ同じです。

　監査等委員会設置会社の取締役会は、経営の基本方針、内部統制システムの概要、そのほかの業務執行の決定とともに、取締役の職務執行を監督し、代表取締役の選定・解職を行います。

　監査等委員会設置会社では、執行役が設置されることはなく、取締役のうち代表取締役及び選定業務執行取締役が業務を執行します。また指名委員会が設置されていないため、監査等委員の独立性は監査役の制度と類似のルールで確保しようとしています。

監査等委員会設置会社におけるガバナンス

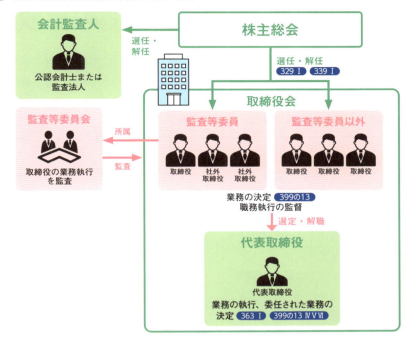

監査等委員会の職務権限

1. 取締役（会計参与）の職務執行の監査 `399の2 Ⅲ①`
2. 株主総会に提出する会計監査人の選任・解任・不再任の議案の内容の決定 `399の2 Ⅲ②`
3. 監査等委員以外の取締役の選任・解任、または辞任・報酬に関する意見陳述権 `342の2 Ⅳ Ⅵ` `399の2 Ⅲ③`

＋ONE　委員会型の会社の機関設計のルール

監査等委員会設置会社及び指名委員会等設置会社（委員会型の会社）の機関設計には、次のルールがあります。
①委員会型の会社は、取締役会を設置しなければならない `327 Ⅰ③④`
②委員会型の会社は、監査役を設置してはならない `327 Ⅳ`
③委員会型の会社は、会計監査人を設置しなければならない `327 Ⅴ`
④指名委員会等設置会社は、監査等委員会を設置してはならない `327 Ⅵ`

Keyword　選定業務執行取締役　代表取締役以外の取締役であり、取締役会の決議によって会社の業務を執行する取締役として選定された者 `363 Ⅰ②`。

Chapter 2
11 株式会社の監査機関の比較

> **POINT**
> - 監査役や監査役会など、複数の監査のしくみがある
> - 監査役設置会社の監査役は、業務監査権限を有する

株式会社の監査の種類

　株式会社では代表取締役などによる業務執行の監査のため、定款の定めにより監査役を設置でき、一定の会社には設置義務があります。

　会社法では、監査役の資格・職務内容は、次のように分けられています。
①監査役会を設置する場合、監査役は3人以上で、その半数以上は社外監査役からなり、取締役の業務執行を組織的に監査。
②監査役会を設置しない場合、各監査役（1人でもよい）が独任制の機関として取締役の職務執行を監査。
③全株式譲渡制限会社［P.238参照］では、監査役の監査権限を会計監査に限定できる（業務監査は行わない）。

　①のうち監査役会の設置義務がある株式会社では、監査役会に代わり、④指名委員会等設置会社の監査委員会（社外取締役が過半数を占める）、または⑤監査等委員会設置会社の監査等委員会を設けることが認められます。

監査役の権限と構成

　株式会社は、定款の定めにより、監査役または監査役会を設置できます。監査役を設置した場合、中小企業のニーズに配慮し、業務監査権限を付与しないこともできますが、業務監査権限を有する監査役を設置する株式会社のみが監査役設置会社となります。

　なお監査役による監査は、原則、業務執行の適法性（法令または定款）の監査に限られ、相当でない事項や著しく不当な事項の指摘にとどまります。

　また、複数の監査役がいる場合でも、各自が単独でその権限を行使できます（独任制の機関）。これは、違法・適法に関する判断は多数決で決めるべき問題ではないからです。

　①監査役会設置会社の監査役会、④指名委員会等設置会社の監査委員会、⑤監査等委員会設置会社の監査等委員会における、各機関の構成や権限の範囲については、右ページ表のような違いがあります。

✏️ 監査役会・監査委員会・監査等委員会の比較

	① 監査役会	④ 監査委員会	⑤ 監査等委員会
構成員	監査役	取締役	監査等委員である取締役
構成	3人以上、うち半数以上は社外監査役 335Ⅲ	3人以上、うち過半数は社外取締役 333Ⅵ 400ⅠⅢ	
常勤者の選定	強制 390Ⅲ	任意	
構成員の選任（選定）方法	株主総会 329Ⅰ	取締役のなかから取締役会が選定 400Ⅱ	ほかの取締役と区別し株主総会が選任 329Ⅱ
構成員の任期	4年 336Ⅰ	1年 332ⅠⅥ	2年 332ⅠⅣ
決議要件	監査役の過半数 393Ⅰ	委員の過半数が出席し、出席委員の過半数 412Ⅰ 399の10	
監査権限の帰属	原則、各監査役に帰属 381 390Ⅱ	原則、委員会に帰属 399の3 405	
取締役の人事・報酬への権限	なし	なし	意見陳述権 399の2Ⅲ③
利益相反取引の承認	なし	なし	あり 423Ⅳ

第2章
株式会社の機関

＋ONE 監査制度の現状

会社法は、業務執行や会計処理が適正に行われているかどうかを監視する機関として、監査役の制度を設けています。上場会社で大規模な不祥事が発生するたびに、監査役の権限強化及び経営者からの独立性確保のための規制が強化されてきました。それでも株式会社から報酬を受け、経営陣に対する人事権をもたない監査役の監査の実効性には懸念も指摘されています。現在は、社外監査役などの外部の者によるコーポレートガバナンス [1-11参照] も図られています。

Chapter 2
12 内部統制システムの構築

> **POINT**
> - 大会社には、内部統制システムを構築する義務がある
> - 内部統制システムは、取締役・監査役の責任に関係する

適正な業務執行を確保するための内部統制システム

　内部統制システムとは、会社の財務や業務執行などが適正かつ効率的に行われるよう、取締役及び各現場の長が業務執行の手順を設定するとともに、不正の兆候を早期に発見・是正できる組織のしくみを整えることです。リスク管理体制ともいいます。

　会社法では、大会社について、「取締役の職務執行が法令及び定款に適合することを確保するための体制、その他株式会社の業務、並びに当該株式会社及びその子会社からなる企業集団の業務の適正を確保するために必要なものとして法務省令で定める体制」の整備を決定しなければならないと定めています 348 Ⅳ 。これが、内部統制システムにあたります。

　大会社、指名委員会等設置会社［2-09参照］及び監査等委員会設置会社［2-10参照］では、取締役会で内部統制システムの概要を決定することが義務付けられています。

　大会社以外でも、取締役会非設置会社では株式会社の基本方針に関わる重要な決定については、取締役の過半数による決議要件があります。また取締役会設置会社では、取締役に決定を委任できないとされています。

内部統制システムを機能させることが重要

　法務省令では、大会社に次の決定をしなければならないとしています 会社法施行規則98、100 。

　当該会社について、①取締役の職務執行にかかる情報の保存・管理に関する体制、②損失の危険の管理に関する規程その他の体制、③取締役の職務執行が効率的に行われることを確保するための体制、④使用人の職務執行が法令・定款に適合することを確保するための体制、⑤会社・親会社・子会社からなる企業集団における業務の適正を確保するための体制、などです。

　内部統制システムを構築し、実際に機能させることは、取締役・監査役の善管注意義務［4-09参照］となります。

📝 内部統制システムの構築の義務

📝 内部統制システムとは

```
内部統制システム
● 会社の財務や業務執行などが適正・効率的に行われる手順の設定
● 不正の兆候を早期に発見・是正できる組織のしくみの整備
```

会社の業務などの適正を確保するための体制の整備　会社法施行規則 98、100

① 取締役の職務執行にかかる情報の保存・管理に関する体制

② 損失の危険の管理に関する規程その他の体制

③ 取締役の職務執行が効率的に行われることを確保する体制

④ 使用人の職務執行を法令・定款に適合させるための体制

⑤ 企業集団における業務の適正を確保するための体制

⑥ 監査役の監査の実効的な実施を確保するための体制

⑦ 取締役2人以上の場合、業務執行の適正を確保する体制 ← 取締役会設置会社以外の大会社

COLUMN 2

上場会社の機関設計

上場会社における機関設計の3つの類型

　金融商品取引所に上場し、株式が売買されている会社を上場会社といいます。上場会社は、2025年1月8日時点で3,973社あります。会社法では上場会社の機関設計について、監査役会設置会社、指名委員会等設置会社及び監査等委員会設置会社という3種類の類型を用意しています。

　かつて、会社経営の監督では監査役が重要な役割を担っており、たびたび監査役の機能を強化する法改正が行われてきました。しかし、1990年代後半からコーポレートガバナンスの議論が進展した結果、2000年代以降は取締役による監督が重視されるようになり、2002（平成14）年の法改正で現在の指名委員会等設置会社の制度が創設されました。

　指名委員会等設置会社では、社外取締役が過半数を占める三委員会を設ける必要があります。しかし、社外の人材を監査役と取締役の双方に配置することは、人材確保が容易でないなどの課題がありました。そこで2014（平成26）年の法改正により、監査役の半数以上が社外監査役でなければならない監査役会に代え、社外取締役が過半数を占める監査等委員会を設ける監査等委員会設置会社の形態が認められるようになりました。これにより、2014年改正会社法の施行後、監査等委員会設置会社に移行した会社が増加しました。これは、コーポレートガバナンス・コードにおける2人以上の独立社外取締役の設置の要求を満たしやすく、取締役会による業務執行の決定を下部へ委任することが広く認められる点に魅力があるといわれています。

採用が増加する監査等委員会設置会社が

　2022年7月時点で、東証上場会社全体の60.7％（2,290社）が監査役会設置会社、2014年会社法改正で導入された監査等委員会設置会社が36.9％（1,392社）、指名委員会等設置会社2.3％（88社）となっています。監査役会設置会社が6割以上を占めますが、徐々に減少しており、代わって監査等委員会設置会社が増加しています。これに対し、指名委員会等設置会社は全体に占める割合は小さいものの、大会社が多く採用しています。

Chapter3

株主総会のしくみ

株式会社が必ず設置しなければならない機関の1つに株主総会があります。株主総会は株主によって構成され、取締役の選任や定款変更など、会社の基本的な事項の意思決定を行う機関です。第3章では、株主総会の役割やしくみとともに、実際の株主総会の召集の手続や決議の方法などについて説明します。

Chapter 3
01 株主総会の役割

> **POINT**
> - 株式会社には最高意思決定機関である株主総会が必要
> - 株主総会には定時株主総会と臨時株主総会がある

株主総会が意思決定、取締役が業務執行を行う

　株式会社に必須の機関が株主総会です。株主総会は株主によって構成され、取締役の選任、定款変更[9-07参照]、会社合併などを決議する株式会社の最高意思決定機関です。株主が集まって意見を交換し、会社の基本的な事項を決定します。その年度の決算に関する決議をすることが主な目的ですが、役員の選任など、そのほかの事項についても決議されます[3-02参照]。

　どんな機関[2-02参照]を設置する株式会社でも、株主総会は必ず年1回以上開かれます。株主が実際の総会に参加することは少なく、多くの総会では株式会社側の用意した議案に沿って審議が形式的に進み、株主は賛成の意思表明を行います。

　株主総会は、目的に応じた意思決定などを行う会議体の機関なので、会社運営などの執行行為をすることはありません。株主総会の権限に属する事項は、その決議に基づき、代表取締役や代表執行役など、業務執行担当者が執行します。

　株主総会の役割と権限は、取締役会設置会社と取締役会非設置会社[3-10参照]で大きく異なります。この章では主に、取締役会設置会社における株主総会を中心に解説します。

決算期に合わせて6月中の開催が多い

　開催される株主総会は、事業年度の終了後、一定時期に毎回招集される定時株主総会と、必要に応じて随時招集される臨時株主総会があります。

　定時株主総会では開催時期の規制はありませんが、上場会社では実務上、事業年度末日（決算期）の約3カ月後に開かれることが多いです。これは、定時株主総会の議決権、及び決議される剰余金の配当受領権の基準日を決算期と一致させる慣行のためです。基準日の効力は3カ月を超えられないため、決算期が3月末の場合は6月中に開く必要があります。

株主総会の構成・役割・権限など

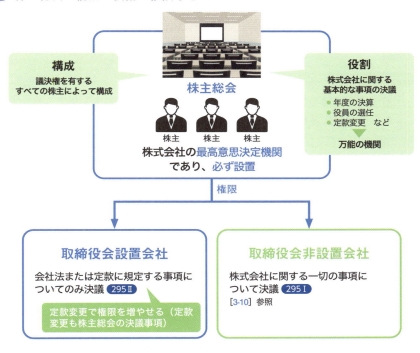

株主総会の召集時期 296

定時株主総会	毎事業年度の終了後の一定時期に召集する
臨時株主総会	必要に応じていつでも招集できる
種類株主総会 [6-04 参照]	必要がある場合に招集できる

+ONE 株主総会は「万能の機関」

取締役会非設置会社の株主総会は、会社に関する一切の事項について決議できる 295Ⅰ ことから、会社法に規定されていない事項でも、定款を変更すれば決議できます。定款変更は、株主総会の決議事項である 466 ことから、株主総会は「万能の機関」とも呼ばれます。

Chapter 3 02 株主総会で決議できる事項

> **POINT**
> - 取締役会設置会社は、会社法及び定款に規定の事項のみ決議できる
> - 取締役会非設置会社は、一切の事項について決議可能

取締役会設置会社における株主総会の決議事項

　株主総会は意思決定を行う機関であり、総会で決議できる事項は決まっています。まず取締役会設置会社の場合は、議事運営に関する事項のほか、会社法または定款に定められた事項についてのみ決議できます。

　会社法に定められていない事項も定款に定めれば決議できます。ただし、株主総会で決議できる事項が広がり、取締役会の権限が制限されると、会社運営における意思決定の手続が煩雑になります。迅速な決定に支障が出るので、実際には使われていません。必要に応じて株主間契約で対応されています。

　会社法に定められた事項（法定決議事項）については、定款で「株主総会以外の機関が決定する」と定めても無効です。法定決議事項には、①役員及び会計監査人の選任・解任、②定款変更や事業譲渡、組織再編など株式会社に重大な影響を及ぼす事項の決定、③株式併合、自己株式の取得、剰余金の配当など株主への分配その他株主の利益に重大な影響を及ぼす事項の決定、④役員の報酬決定や役員などの責任の一部免除などの利益相反のおそれのある事項の決定、などがあります。

取締役会非設置会社における株主総会の決議事項

　取締役会非設置会社の株主総会では、会社法に定められた事項はもとより、株式会社の組織、運営、管理のほか、一切の事項を決議できます。これは、かつての有限会社［10-01 参照］の規律を引き継いだものです。取締役会非設置会社としては、所有と経営が分離されていない比較的小規模な株式会社が想定されており、株主が株主総会の決議を通じて経営に関与できるよう設計されています。取締役会非設置会社では、取締役会設置会社で取締役会が決定する多くの事項が、株主総会の法定決議事項になっています。

Keyword 株主間契約　複数の株主の間で締結される契約のこと。

◆ 取締役会の有無で変わる株主総会の権限

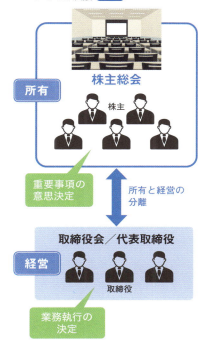
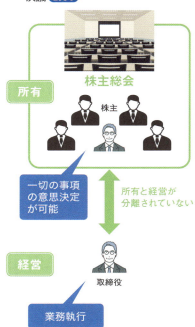

◆ 取締役会設置会社における株主総会の法定決議事項

① 取締役、監査役、会計監査人などの機関の選任 329 、解任 339 に関する事項

② 定款変更 466 、事業譲渡 467 I 、合併（783 I 795 I など）などの株式会社の基礎的変更に関する事項

③ 剰余金の配当 454 I をはじめとする株主の重要な利益に関する事項

④ 取締役の報酬決定 361 I など、他機関の決定に委ねると株主の利益を害する可能性が高い事項

第3章 株主総会のしくみ

067

Chapter 3 03 株主総会の招集の手続

> **POINT**
> - 株主総会を招集する権限をもつ者は、株式会社の代表権者
> - 株主総会は一定の手続に従って招集される

代表取締役などが株主総会を招集

　株主総会の招集は、主に代表取締役や取締役の役割です。株主総会の招集について、まず取締役会設置会社では、取締役会の決議により、株主総会の日時や場所、議題などを決定します。この決定の執行として、代表取締役（指名委員会等設置会社では代表執行役）が株主総会を招集します。一方、取締役会非設置会社では、取締役が株主総会を招集します。

　また特定の株主は、株主総会の招集を請求できます。総株主の議決権（議案に投票できる権利）の100分の3以上（定款で軽減可能）を6カ月前から有する株主です。その株主は、取締役に議題及び召集の理由を示し、株主総会の招集を請求できます。そのうえで、一定期間内に株主総会が招集されない場合、その株主は裁判所の許可を得て、自ら招集することが可能です。

株主総会の通知など招集の手続

　株主総会の招集が決定したときは、株式会社（代表取締役などの招集権者）が株主に書面で招集通知を発送します。ただし、株主があらかじめ承諾しているときは、電子メールなどの電磁的方法でも通知できます。

　招集通知には、①株主総会の日時や場所、②議題（株主総会の目的である事項）、③書面投票（書面による議決権行使）を認めるときはその旨、④電子投票（電磁的方法による議決権行使）を認めるときはその旨、⑤その他法務省令で定める事項（役員などの選任や報酬など、定款変更、合併などが議題のときは議案の概要など）を記載または記録する必要があります。

　株式会社と株主の関係の緊密さに違いがあることから、株主総会の召集方法は、会社の類型によって異なります。一般に株主数が少ない取締役会非設置会社では、口頭での通知も認められます。取締役会設置会社では、株主の準備の機会を確保するため、書面や電磁的方法による招集通知が必要です。

株主総会の招集の手続の流れ（取締役会設置会社の場合）

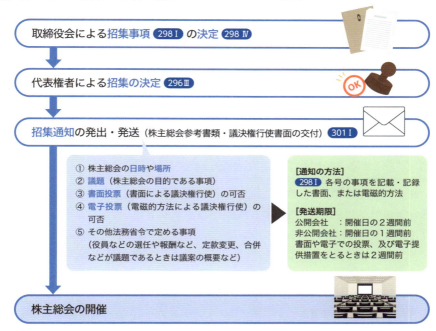

株主総会の招集方法の違い

	公開会社	非公開会社
公開・非公開	自由に譲渡できる株式を発行できる会社	株式を譲渡・取得する場合に承認が必要となる譲渡制限事項の定めが設定されている会社
取締役会	設置会社	非設置会社
招集通知の発送期限	総会日の2週間前	総会日の1週間前／書面投票・電子投票を認めるときは2週間前	総会日の1週間前（定款で短縮可）
書面などによる通知の要否	書面による招集通知 299 Ⅱ②。株主の承諾により電磁的方法も可 299 Ⅲ	規制なし。口頭も可（書面投票・電子投票を認めるときは設置会社と同じ）

Chapter 3
04 株主総会資料はウェブサイトに掲載可能

POINT
- 株主総会資料をウェブサイト上に掲載し、効率化できる
- 電子提供措置がされていても書面交付を請求可能

インターネットを介した株主総会資料の提供

株主総会の招集には、株主に株主総会参考書類などを通知・送付する必要があります。これは、株主との承諾により、電磁的方法に移行できます。

まず、①株主と個別に承諾が得られれば、書面の代わりに電磁的方法で招集通知を送ることができます。その場合、株主総会資料すべてをインターネット上でウェブサイトなどに掲載して電子提供を行うことが可能です（株主の個別承諾による電子提供制度）。

また、②定款の定めにより、株主総会資料の一部をインターネット上に掲載し、書面による提供を省略できる制度もあります（ウェブ開示制度）。

さらに、③定款の定めによりウェブサイトに掲載する措置（電子提供措置）をとり、株主には株主総会の日時や場所、議題などのほか、当該ウェブサイトのURLなどの情報を記載した招集通知を書面で送ることも可能です。

インターネットを介した情報提供により、株式会社は書面の印刷や郵送などに要する費用を節約でき、株主は書面より早く充実した情報提供を受けられるというメリットがあります。

電子提供措置による株主総会の招集

電子提供措置をとる場合、まずはその旨を定款に定めます。その株式会社の取締役が株主総会の3週間前の日、または招集通知の発送日のいずれか早い日から、株主総会後3カ月を経過する日までの間、株主総会資料をウェブサイトに掲載しなければなりません。電子提供措置をとれば、招集通知には会社法 298 Ⅰ 所定の事項のほか、電子提供措置をとっていること、及びそのURLなどを記載すればよく、それ以外の株主総会資料を書面で提供する必要はありません。

ただし、電子提供措置をとる株式会社でも、株主は書面による株主総会資料の交付を請求できます（書面交付請求権）。これは、インターネットの利用が困難な株主に配慮したものです。

株主総会資料の電子提供の3つの手続

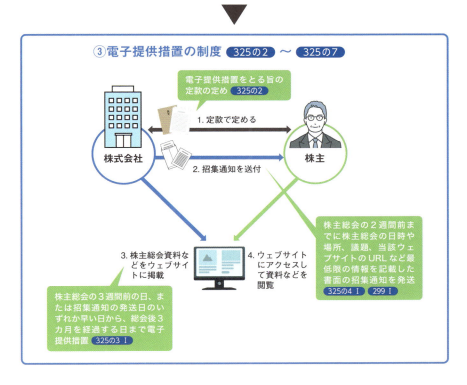

Chapter 3
05 株主総会の議事の運営

> **POINT**
> - 株主総会は原則、物理的な開催場所で行われる必要がある
> - 株主総会の議長は、秩序維持と議事整理の権利を有している

物理的な会場への出席とともにオンラインも可能

　株主総会の議事の運営について見ていきましょう。まずは開催場所です。株主総会の多くは、株式会社の会議室などで開催されます。会社法では、株主総会の招集の際に開催場所を決める必要があり、物理的に存在する一定の場所（会場）での開催が求められます。

　株主には、株主総会に出席する権利があり、正当な理由なく出席を拒むと、法令違反で決議取消しの事由となります。ただし、感染症などによる出席制限などは正当な理由になります。

　株主総会を物理的な会場で開催しつつ、オンラインで出席できるようにすることも可能です。なお上場会社には、会社法と別の産業競争力強化法で「場所の定めのない株主総会」に関する制度が定められており、オンラインのみでの株主総会（バーチャルオンリー型総会）の開催も認められています。

株主総会における議事の進行

　次に議事の進行についてです。議事の運営は議長が務めます。議長には、株主総会の秩序を維持し、議事を整理する役割があり、その命令に従わない者や秩序を乱す者を退場させることができます。

　誰が議長になるかは会社法に定めがありません。多くの場合、代表取締役が議長になることを定款に定めています。定款に定めがなければ、株主総会の決議で議長を決めることになります。

　議事は主に、当該事業年度の事業報告のあと、株主総会の目的である事項（議題）に移ります。まず議案提案者による趣旨説明が行われ、質疑応答や意見交換といった審議を経たうえで、決議事項の決議がなされます。

　株主総会の場で株主から議案が提出されることもあります（議案提案権）。総会の場での株主の提案を「動議」といい、手続に関する動議と、議案に関する修正動議があります。

> **Keyword**　修正動議　株式会社から提案された議題について、その提案を修正する議案を提出すること。

📝 株主総会の開催場所と開催形態

株主総会の開催場所の基本

- 基本的に どこでも開催 できる → 株式会社の会議室など
- 定款に定めがある場合は、定款に定められた場所
- インターネットなどの通信手段を用いた バーチャル株主総会 も可能

株主総会の主な形態

リアル株主総会

- 物理的な場所 298 I① で開催
- 決定・通知された 開催場所に訪問
- 質問・動議の提案、議決権の行使が可能

ハイブリッド型バーチャル株主総会

ハイブリッド参加型

リアルの開催に加え、開催場所に訪問しない株主が、総会へ出席せず、インターネットで審議などを確認・傍聴。質問や書面・電子投票以外の 議決権行使はできない

ハイブリッド出席型

リアルの開催に加え、開催場所に訪問しない株主が、総会へ出席し、インターネットで審議などを確認・傍聴。質問や動議の提案、議決権の行使も可能

バーチャルオンリー型株主総会

- 物理的な場所を伴わず、オンラインのみで開催
- 上場会社のみ一定要件のもとで認められる
- 質問・動議の提案、議決権の行使が可能

📝 株主総会の議事の運営

議長の役割
定款の定めまたは株主総会が選任

① 秩序維持権：命令に従わない者、秩序を乱す者に退場を命ずることができる 315 Ⅱ
② 議事整理権：株主総会の議事を整理する 315 Ⅰ

進行の例

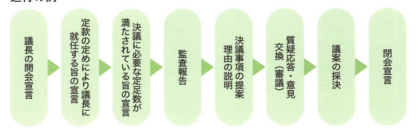

議長の開会宣言 ▶ 定款の定めにより議長に就任する旨の宣言 ▶ 決議に必要な定足数が満たされている旨の宣言 ▶ 監査報告 ▶ 決議事項の提案理由の説明 ▶ 質疑応答・意見交換（審議） ▶ 議案の採決 ▶ 閉会宣言

Chapter 3 06 株主総会における株主の質問

> **POINT**
> - 株主は株主総会で議題について質問する権利がある
> - 一定の事項については株主の質問を制限できる

株主からの質問に回答しなくてよい場合

株主総会では、株主は議題などに質問する権利があります。ただし、特定の場合、説明が拒否されることがあります。その内容を知っておきましょう。

株主総会に出席した株主から質問を受けたら、取締役・会計参与・監査役・執行役は、必要な説明をしなければなりません（説明義務）。この義務は、株主総会の議題に関する質疑応答の機会を保障するという原則を定めたものです。取締役などが株主の質問に回答せず、説明義務を果たさない場合、株主総会の決議取消しの事由（決議方法の法令違反）となります。

ただし、次の場合には説明を拒むことができます。①当該事項が株主総会の目的である事項（決議事項または報告事項）に関しないものである場合、②その説明により株主の共同の利益を著しく害する場合（得意先や製造原価など営業秘密の漏洩になる場合など）、③説明のために調査を要する場合、④その説明により株式会社その他の者の権利を侵害することとなる場合、⑤株主が当該株主総会において実質的に同一の事項に繰り返して説明を求める場合、⑥そのほか株主が説明を求めた事項に説明をしないことに正当な理由がある場合。

株主の質問に回答する説明の程度

株主からの質問に回答する説明の程度についても規定があります。取締役などが行う説明は、平均的な株主が、議題に合理的な理解及び判断をするため、客観的に必要と認められる程度に行えばよいとされています。行われた説明と株主総会資料を総合し、議案の判断に必要な情報が提出されていれば、説明を尽くしたといえます。

また、株主の質問権は無制限ではありません。特定の株主が説明不十分として執拗に説明を求めても、議長が議事整理権を行使し、合理的な範囲で質問を制限することは可能です。

株主総会における役員の説明義務

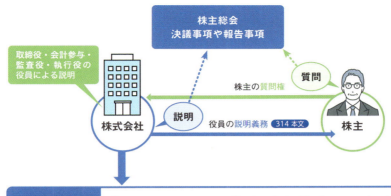

+ONE 質問権の合理的な制限

議長が、株主1人ができる質問数や発言時間に制限を設けたり、議題の判断のため相当な質疑時間が経過したあとに質疑を打ち切ったりすることは合理的な制限として認められます。特定の株主が納得するまで質疑を繰り返しても、必要な情報を提供しなかったり、ほかの株主に質問させなかったりすると、それが決議取消しの原因になります。

Chapter 3 07 株主からの議題や議案の提出

> **POINT**
> - 株主も一定の要件で議題や議案の提出が可能
> - 権利を乱用しないよう、株主提案権は制限されている

株主の意向を反映するための株主提案権

株主総会において検討される議題や議案などは通常、招集権者（代表取締役など）が決定し、株主総会に提案されます。取締役会が提案する議案を「会社提案」といいます。

株主総会の招集権を行使すれば、株主も議題や議案を提出できます。ただし、その要件は総株主の議決権の100分の3以上と厳しいものです。そのため、少数株主の意向を反映できるよう、招集権者でない株主にも一定の要件のもとで議題や議案を提出する権利（株主提案権）を認めています。

株主提案権は権利が細分化されている

株主提案権には、①議題提案権、②議案提案権、③議案の要領の通知請求権の3種類があります。

まず①は、取締役会設置会社では、株主が取締役に自らの議決権を行使し、一定の事項を株主総会の目的（議題）にするよう請求できる権利です。要件は、6カ月前（定款で短縮可能）から総株主の議決権の100分の1以上（定款で軽減可能）、または300以上の議決権を有する株主であることです。一方、取締役会非設置会社では、議決権をもつ株主であれば議題提案権があります（総会の場でも行使可能）。

また②は、株主が自らの議決権を行使し、株主総会の目的（議題）に議案を提出できる権利です。たとえば「1株につき100円を配当する」といった提案です。その議題の議決権をもつ株主であれば、議案提案権があります。

株主が議案を提出できるといっても、その場で提案して賛成を得ることは困難です。そこで③として、株主が取締役に対し、当該株主が提案しようとする議案の要領（要旨）を、開催日の8週間前（定款で短縮可能）までに株主に通知するよう請求できます。ただし、株主提案権の乱用に対処するため、通知への記載を請求できる議案数は10個に制限されています。

🔷 株主提案権を行使するための要件

議題提案権 ≫ 株主総会において、株主が一定の事項を株主総会の目的（議題）にするよう請求できる権利

公開・非公開	公開会社	非公開会社
取締役会	設置会社	非設置会社
持株数の要件	総株主の議決権の100分の1以上 または300個以上の議決権 （定款で削減可能）	なし （議決権を有する株主で あれば可能）
保有機関	6カ月前から	不要
請求時期	株主総会の日の8週間前までに請求	なし （総会の場でも可能）

議案提案権 ≫ 株主総会において、株主総会の目的（議題）である事項につき、議案を提出できる権利　304本文

> 行使するための要件はない。
> 1株でも保有していれば提案可能

> 株主総会の場での提案を
> 実務上「動議」と呼ぶ

会社が提案を 拒絶できる場合 304ただし書	❶ 当該議案が法令・定款に違反する場合
	❷ 過去に議決権の10分の1以上の賛成が得られなかった議案と実質的に同一のものであって、当該賛成が得られなかった日から3年を経過していない場合

議案の要領の通知請求権 ≫ 株主が提案しようとする議案の要領（要旨）を、開催日の8週間前までに株主に通知するよう請求できる権利

> 行使するための要件は請求時期を
> 除き議題提案権と同様

＋ONE ┃ 議題と議案の違い

「議題」とは、株主総会の目的である事項　298 I ②　のことをいい、その議題に関して、株主総会で株主の賛否を具体的に問う事項が「議案」です。たとえば、「剰余金配当の件」が議題であり、「1株につき100円を配当する」というものが議案となります。

Chapter 3
08 株主が有する議決権

> **POINT**
> - 株主は1株につき1個の議決権を有する
> - 株主総会では、議決権の代理による行使が可能

株主が有するのは基本的に1株1個の議決権

　株主の議決権についても整理しておきましょう。議決権とは、株主総会の決議で、議案の賛否を投票できる権利のことです。株主には、有する株式1株につき1個の議決権があります（一株一議決権の原則）。ただし、単元株制度 [6-17参照] を採用する株式会社の場合、株主には1単元につき1個の議決権があり、単元未満の株主に議決権はありません（①）。

　また次の株式には、例外的に議決権がありません。②定款により発行された議決権の行使に制限がある株式（議決権制限株式）、③自社発行の株式を株主から取得して有している株式（自己株式）[6-13参照]、④ある会社Ａの議決権総数の4分の1以上をほかの会社Ｂが有する場合、Ａが有するＢの株式（相互保有株式）です。これら議決権を有しない株式の数は、決議に必要な定足数などに算入されません。

株主の議決権行使の手続

　株主の議決権は、株主総会に出席して行使するのが原則です。しかし招集権者（代表取締役など）が定めれば、書面でも議決権を行使（書面投票）できます。遠方に住んでいたり、都合で出席できなかったりする株主の議決権を確保するためです。

　招集権者は、株主総会に出席しない株主が電磁的方法で議決権を行使（電子投票）できる旨を定めることもでき、上場会社でその事例があります。

　また株主は、代理人によっても議決権を行使できます。ただし、株主総会の混乱を避けるため、株式会社は代理人の数を制限できます。

　議決権を2個以上もつ株主は、議決権を不統一に行使する（賛否両方の票を投じる）ことができます（議決権の不統一行使）。ただし、他人のために株式を有する者（証券会社など）でない株主に対しては、株式会社は不統一行使を拒むことができます。

株主総会における議決権の数の原則

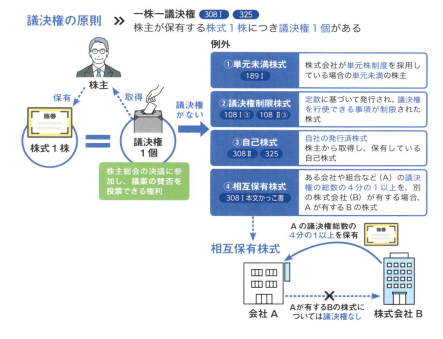

株主総会における議決権行使の原則

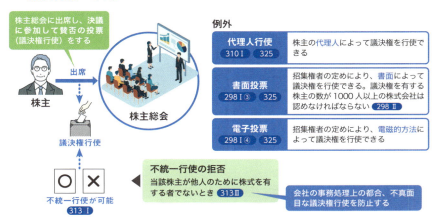

Chapter 3
09 株主総会の決議の要件

> **POINT**
> - 普通決議は過半数の株主が出席し、出席株主の過半数が賛成で可決
> - 重要な事項については特別決議や特殊な決議が必要

株主総会の普通決議に求められる要件

　株主総会で議案が可決となる要件は、議案の内容の重要さによって変わります。まずは通常の決議である普通決議についてです。議案の可決には通常、議決権を行使できる株主の過半数が出席し（定足数要件）、出席した株主の議決権の過半数が賛成である必要があります。この決議要件は、株式会社の種類による差はなく、取締役会設置会社もそれ以外の会社も同様です。

　普通決議の要件については、定款で別段の定めをすることができます。ただし、役員の選任・解任の決議については、株主の議決権を3分の1未満の定足数要件に軽減することはできません。これは、役員の地位の重要性に鑑み、なるべく多数の株主の意思を反映させるべきとの考えによるものです。

より厳格な決議要件が求められる特別決議

　普通決議より厳格な要件が求められる決議として特別決議と特殊の決議があります。定款変更や組織再編など株主の地位に重大な影響を及ぼし得る事項や、支配株主（株式会社の経営を事実上支配している者）など、一部の株主のみが利益を受けやすい事項など、より慎重な判断が必要な事項については特別決議が必要とされます。特別決議には、議決権を行使できる株主の議決権の過半数（定款で加重または3分の1まで軽減可能）が出席し、出席した株主の議決権の3分の2以上（定款で加重可能）が賛成である必要があります。

　特別決議より厳重な要件が求められる事項もあります。たとえば、定款変更により株式が譲渡制限株式に変わる場合などの特殊の決議です（そのほかの事項と決議要件は右ページ下表）。また、株主全員の同意が必要とされる場合もあります（ 110　424　462Ⅲ　465Ⅲ　など）。この場合には必ずしも株主総会を開く必要はありません。

080

株主総会の決議の原則

普通決議の要件 309Ⅰ

定足数: 議決権行使が可能な株主の、議決権の過半数を有する株主の出席（定款で別段の定めが可能）

出席　　欠席

可決要件: 出席株主の議決権の過半数（定款で別段の定め可能）

賛成　　反対

特別決議が必要な事項と決議要件 309Ⅱ

特別決議の事項の例

❶ 定款変更　❷ 事業譲渡など
❸ 合併、株式交換、株式移転、会社分割、株式交付
❹ 資本金の額の減少　❺ 解散
❻ 一般承継人に対する株式売渡請求　❼ 株式併合
❽ 譲渡制限株式の買取りなど　❾ 特定の株主からの自己株式取得
❿ 特に有利な払込金額による募集株式の発行など
⓫ 役員などの責任の一部免除

定足数: 議決権行使の可能な株主の、議決権の過半数を有する株主の出席（定款で加重または3分の1まで軽減可能）

出席　　欠席

可決要件: 出席株主の議決権の3分の2以上（定款で加重可能）

賛成　　反対

特殊の決議が必要な事項と決議要件

決議の事項の例	決議要件
定款を変更して発行する株式全部について譲渡制限をする場合	議決権行使の可能な**株主の半数以上**（定款で加重可能）であって、かつ当該議決権を行使できる株主の**議決権の3分の2以上**（定款で加重可能）309Ⅲ①②③
公開会社が**合併の消滅会社**、または**株式交換**もしくは**株式移転**の完全子会社となる場合であって、その株主が対価として**譲渡制限株式の交付を受ける場合**における当該合併などの承認決議	
非公開会社が**株主ごとに異なる取扱いを行う**旨の定め 109Ⅱ **についての定款変更を行う**場合	**総株主**（議決権のない株主も含む）の半数以上（定款で加重可能）であって、かつ**総株主の議決権の4分の3以上**（定款で加重可能）309Ⅳ

Chapter 3
10 取締役会非設置会社における株主総会

> **POINT**
> - 原則として招集通知を書面で行う必要はない
> - 法定決議事項は必ず株主総会で決める必要がある

取締役会非設置会社の株主総会の開催

　取締役会非設置会社における株主総会の開催方法は、前節までと異なります。取締役会非設置会社では取締役が株主総会を招集します。招集通知は原則、書面で行う必要はありません。また、開催の日時や場所の情報は必要ですが、総会の目的の通知や計算書類の提供などは不要です。取締役会非設置会社の株主総会に権限の制約はなく、招集権者が目的に定めた事項以外も決議できるためです。

　取締役会非設置会社の株主総会の法定決議事項には、譲渡制限株式の譲渡（取得）の承認、自己株式の取得価額等・取得条項付株式の取得日時等の決定、株式分割の決定、取締役の競業取引・利益相反取引の承認などが含まれ、そのほか株式会社に関する一切の事項について決議できます。

　取締役会非設置会社では所有と経営が分離されておらず、株主が株主総会の決議を通して経営に関与することが可能です。もっとも、株主と取締役が同一で、人数も少ない株式会社などは、株主がいつでも集まって株主総会で決めるべき事項を決定できるため、会社法が予定しているほど株主総会が機能しているとはいえません。

取締役会非設置会社における株主総会の権限

　取締役会非設置会社では、会社法は重要事項を株主総会の権限と定めています。株主総会以外の機関（取締役や取締役会など）が、法定権限とされる事項を決定できるとする定款の定めは無効です。

　これに対して定款により、第三者の承認がないと株主総会決議の効力がないとすることは、必要性が認められる限り有効とされています。たとえば、特定の債権者の承認がないと、剰余金処分の承認決議の効力がないとする定款の定めは有効といえます。ほかに企業結合や経営危機を乗り切る方策として必要性が認められる場合に、第三者の承認にかからせることがあります。

取締役会非設置会社における株主総会の開催の手続

招集の決定
- 取締役による召集の決定 `296 Ⅲ`
- 取締役が2人以上いる場合は取締役の過半数の賛成 `348 Ⅱ`

賛成　　反対

招集の通知

期間
- 株主総会の日の1週間前まで（定款により期間を短縮可能）

日頃の株式会社・株主間の連絡が緊密なため、取締役会設置会社より短く設定

方法
- 通知方法に規制はない（口頭でもよい）
- 日時や場所の情報が必要
- 会議の目的事項の通知、計算書類の提供などは不要

法律が定める取締役会非設置会社における株主総会の決議事項

取締役会設置会社における法定決議事項 [3-02 参照]
・法令に定められた事項
・取締役会設置会社の株主総会より範囲が広い

- 譲渡制限株式の譲渡（取得）の承認 `139 Ⅰ`
- 自己株式の取得価額等・取得条項付株式を取得する日時等の決定 `157 Ⅰ`
- 株式分割の決定 `183 Ⅱ`
- 取締役の競業取引・利益相反取引の承認 `356 Ⅰ`　など

＋ONE　株主総会は万能の機関

取締役会非設置会社の株主総会は、取締役会設置会社のように法令・定款に定められた事項に限り決議できるという制限はなく、強行規定または株式会社の本質に反しない限り、株式会社の組織・運営・管理その他会社に関する一切の事項について決議できます `295 Ⅰ` 。このように、特に取締役会非設置会社において株主総会は万能の機関です。

Chapter 3 - 11 決議の内容や手続などに瑕疵がある場合の訴え

> **POINT**
> - 株主総会の決議の瑕疵を争うために3つの訴えがある
> - 決議の無効や不存在を認める判決に「対世効」がある

株主総会の決議に瑕疵がある場合の対応

株主総会の決議では、意図せず問題や不備などの瑕疵が発生することがあります。株主総会の決議内容、または決議成立に至る手続に瑕疵があれば、成立した決議の効力をさかのぼって否定しなければなりません。しかし、株式会社は決議が有効であることを前提に営業を続けるため、決議の効力を成立以前にさかのぼって無効にすることを無制限に認めると、株主や第三者に不利益が生じるおそれがあります。そこで会社法は、決議の瑕疵の程度や内容に応じ、瑕疵を主張できる者、主張できる期間などを制限するため、次の3種類の訴えを定めています。
①株主総会決議取消しの訴え
②株主総会決議無効確認の訴え
③株主総会決議の不存在確認の訴え

決議の瑕疵を争うための3つの訴え

前述の3種類の訴えのうち、株主総会の決議に取消し事由があるときは、決議後3カ月以内に訴えをもってのみ、当該決議の取消しを請求できます（①）。これは、ある議案を可決する決議についてのみ認められます。

また、株主総会の決議内容に法令違反がある場合、その決議は無効であり、「いつでも」「誰でも」「どんな方法でも」無効を主張できます（②）。もっとも、決議の効力は画一的に定められるため、無効確認の訴えを正当と認める認容判決は訴訟当事者以外の第三者にも効力を有するものとされます（これを「対世効」といいます）。

さらに、株主総会の決議が存在しない場合、何の法的効力も生じないものの、会社法では株主総会の決議の不存在確認の訴えを設けています（③）。これにより、その認容判決に対世効を認め、法律関係の画一的な確定を図っています。決議が物理的に存在しない場合、一部の株主が勝手に集まって決議した場合、招集通知漏れが著しい場合が決議の不存在にあたります。

株主総会決議の瑕疵とそれを争う訴えの内容

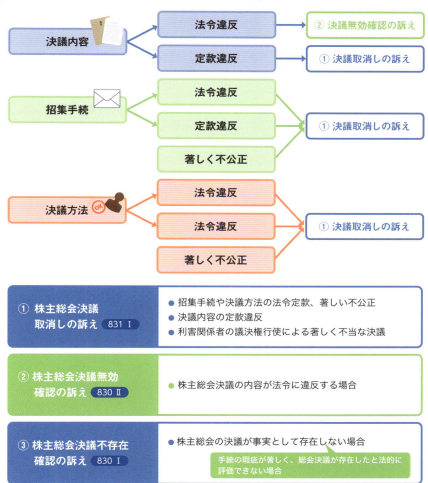

各訴えの相違点

種類	原告（訴えられる者）	提訴期間
決議取消しの訴え	株主、取締役、清算人、監査役、執行役	決議日から3カ月以内
決議無効確認の訴え	確認の利益が認められる限り誰でも可能	なし
決議不存在確認の訴え		

COLUMN 3

上場会社における株主総会の実際

上場会社の株主総会はどのように行われているか

　2023年7月1日から2024年6月30日までに開催された定時株主総会について、上場会社3,874社を対象としたアンケート調査の結果を見てみましょう（2024年版株主総会白書〈旬刊 商事法務2024年12月5日号〉）。回答のあった会社は1,902社（回答率49.1％）です。

　例年、6月の総会の集中日は最終営業日の1営業日前となっており、集中日に開催した会社は29.7％です。以前は9割以上が集中していましたが、現在は減少しています。所要時間は平均49分であり、2時間以上の会社は69社ありました（前年43社）。バーチャル総会（オンライン参加が可能）を実施した会社は399社（実施しなかった会社は79.0％）、そのうちバーチャルオンリー型総会（オンラインのみ）実施を可能とする定款規定のある会社は205社（回答会社の10.8％）で、実際にバーチャルオンリー型で開催したのは19社でした。

株主からの提案数や質問数の状況

　株主提案権が行使された会社数、及びその提案株主別の件数は、臨時株主総会のものも含め、延べ116社（前年113社）であり、株主提案議案が可決されたものは5社5議案（前年8社16議案）です。否決されたものでも、高い賛成率を示すものが多く、40％以上の賛成を得たものが12社18議案（前年6社9議案）ありました。アクティビストからの定款変更の提案内容として「PBR（株価純資産倍率。株価÷1株当たり純資産）1倍以上を目指す計画の策定・開示」「社外取締役の員数（過半数）」「取締役報酬の個別開示」「資本コストの開示」「取締役会議長（社外取締役に）」「政策保有株式の保有・売却方針」「剰余金配当などの機関決定に関する特則規定の削除（修正）」などがあります。

　議案などに対し、会場及びバーチャルに出席して質問などをした株主の数は、「質問などなし」と回答した会社が463社（回答会社の24.3％）でした。質問者数は2人以下の会社が1,013社（同53.3％）です。質問内容は「配当政策・株主還元」569社、「株価動向」418社、「財務状況」334社、「資本コストや株価を意識した経営の実現に向けた対応」287社などとなっています。

Chapter4

取締役・取締役会の
しくみ

取締役や取締役会は、株式会社を代表し、会社の業務執
行の決定やその遂行をする機関です。会社を効率的に運
営・管理するうえで重要な機関であり、法律により権限
や義務などが定められています。第4章では、取締役の
選任や終任、付与される権限や義務、取締役会の招集や
運営のしくみなどについて説明します。

Chapter 4 01 株式会社が行う業務執行の決定と業務執行

> **POINT**
> - 株式会社の事業活動の意思決定を「業務執行の決定」という
> - 業務執行の機関は、取締役会設置会社とそうでない会社で異なる

株式会社における業務執行

　取締役や取締役会の役割を見ていく前に、株式会社の業務について押さえておきましょう。株式会社は営利活動を行う組織であり、その目的を果たすために事業方針を定め、売上などの数値目標を設定して、目標達成のための計画を作成します。そして、資源調達や設備投資などにより製品などを製造・販売し、人材の採用や管理などを行います。これらの株式会社の事業に関連する活動全般を「業務」といい、会社法では事業活動に関する意思決定を「業務執行の決定」 348Ⅱ 362Ⅱ① 、決定に従う事業活動の遂行を「業務執行」 348Ⅰ 363Ⅰ といいます。

　業務執行には、第三者から物品を購入したり事務所を借りたりするなど会社外での対外的な業務執行と、株主総会を招集するなどの会社内での対内的な業務執行があります。

業務執行の決定と業務執行を行うしくみ

　業務執行の決定や業務執行を行う機関は、取締役会設置会社と取締役会非設置会社で異なります。取締役会設置会社では、3人以上の取締役全員で構成される取締役会が、その決議により株式会社の業務執行の決定を行います。まず、その決定を実行する代表取締役または代表取締役以外の業務執行取締役を選定し、権限を委任したうえで、代表取締役などが業務執行を行います。取締役会はその業務執行を監督することになります。

　取締役会非設置会社では、取締役が2人以上の場合、定款に定めがなければ、取締役の過半数で業務執行の決定を行います。業務執行は、定款で特定の取締役の権限を制約しない限り、各取締役が行うことができます。ただし、定款で業務執行を行う取締役を選定することも可能です。

　各取締役の業務執行の監督は、ほかの取締役が自分の業務執行の一部として、または株主が直接行います（監査役を設けることも可能です）。

📝 株式会社が担う業務執行の決定と業務執行

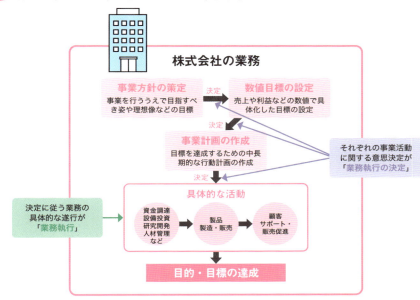

📝 取締役会の設置会社と非設置会社の業務執行

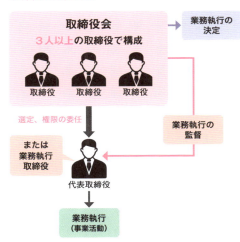

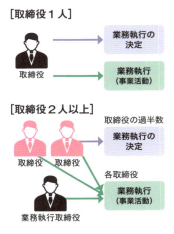

Chapter 4
02 取締役の選任の手続

> **POINT**
> - 法人は取締役になれず、自然人だけがなれる
> - 取締役は、株主総会の普通決議によって選任される

取締役になれる人

　取締役になれるのは自然人だけです。組織である法人は取締役になることができません。これは、取締役の職務が個人的な性質のものと考えられ、また個人が責任をもって経営に関わる必要があると考えられているためです。また、会社法、金融商品取引法、破産法などの罪を犯した者、その他の法律上の罪により禁固以上の刑に処せられた者は取締役になれません。なお成年被後見人、被保佐人も、一定の規律（後見人の同意など）のもとに取締役（監査役にも）に就任できます。

　取締役と、監査役（親会社の監査役も）または会計参与（親会社の会計参与も）とは兼任できません。取締役が従業員を兼ねることは可能です。

会社成立後に取締役を選任する手続

　取締役は、株主総会（または種類株主総会）で選任します。選任の決議は普通決議で行います。取締役会設置会社では取締役が3人以上必要です。

　取締役の任期は原則2年（正確には選任後2年以内に終了する事業年度のうち最終の定時株主総会の終結時まで）です。定款または選任の株主総会で任期を短縮できます（非公開会社では定款で10年まで伸ばせます）。

　同じ株主総会で2人以上の取締役を選任する場合、株主は株式会社に累積投票で選任すべき旨を請求できます。

　累積投票による選任とは、各株主に1株につき選任すべき取締役の数と同数の議決権を与え、それを1人に集中するか数人に分散するかの投票の自由を認めます。そして、投票の結果、最多数を得た人から順次、その定員数までを当選とするのです。少数派株主が取締役を選任できるようにするための制度です。ただし、多くの株式会社では、この制度を排除する旨の定款の定めをしています。これは株主間の対立関係が取締役会に持ち込まれ、経営が混乱するおそれがあるためです。

取締役になれる人

取締役の任期と選任の手続

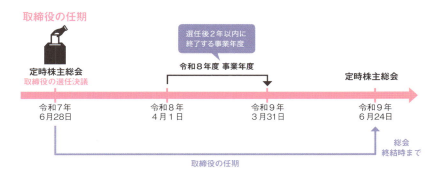

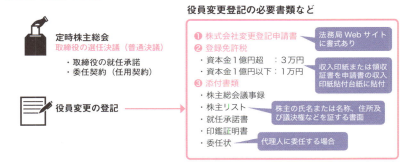

Chapter 4 03 取締役の終任や辞任、解任

> **POINT**
> - 取締役は委任の終了事由（死亡など）があるときに地位を失う
> - 取締役は理由を問わず、株主総会の決議でいつでも解任できる

取締役の任務の終了

　取締役がその地位を失うことを<u>終任</u>といいます。取締役には任期があり、満了後、株主総会で再任されなければ終任となります。

　また、取締役と株式会社の関係は<u>民法</u>の委任契約に従うため、取締役は自らの意思で辞任できます。取締役の辞任の一方的な意思表示は、<u>株式会社（その代表者）</u>へ到達することで効力が生じます。ただし、辞任により欠員が生じる場合、新しい取締役が就任するまで取締役の義務を免れることはできません。また、株式会社の不利な時期に辞任した場合、株式会社に<u>損害賠償責任</u>を負います。

　さらに、取締役の死亡、破産手続の開始決定、後見開始の審判を受けた場合も終任事由となります。成年被後見人は取締役になれますが、取締役が後見開始の審判を受けると、いったん取締役の地位を失い、新たに就任手続をとる必要があります。なお、株式会社が破産手続の開始決定を受けても、取締役は地位を失わないと解されます。

取締役の解任

　取締役は、<u>解任</u>により任務が終了することもあります。取締役の解任は、任期中いつでも<u>株主総会の決議</u>で行えます。決議は原則、普通決議です。

　解任に理由は必要ありません。ただし、任期中に解任された取締役は、正当な理由がある場合を除き、株式会社に<u>損害賠償を請求</u>できます。これは任期への取締役の期待を保護する目的です。原則、在任期間に得られるはずであった報酬相当額の賠償を請求できます。正当な理由には、病気で職務を続けられない、法令違反または不適正な職務執行をした、経営能力がないなどがあります。

　少数株主を保護するため、株主には<u>取締役解任の訴え</u>も認められています。株主総会で取締役の解任議案が否決されても、一定の要件を満たした株主は、解任の訴えを裁判所に提起できます。

取締役がその地位を失うケース

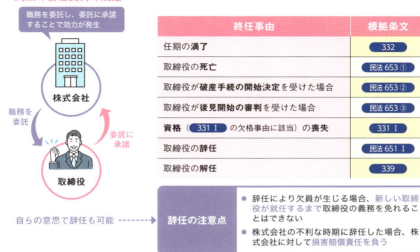

株主による取締役解任の訴え

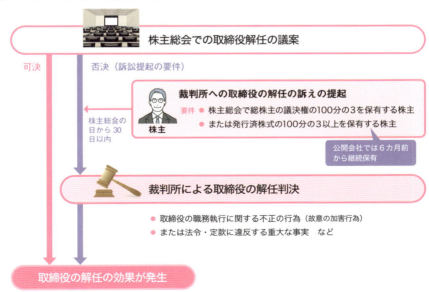

Chapter 4
04 取締役会設置会社における代表取締役の役割

> **POINT**
> - 代表権により代表取締役の行為が会社を代表する行為となる
> - 代表取締役は取締役会において選任され、解職される

代表権をもち業務執行を行う代表取締役

　取締役会設置会社における業務執行（株主総会または取締役会の決議の執行）は通常、代表取締役が行います。代表取締役には代表権があり、対外的な業務執行では、代表取締役の行為が会社を代表する行為とされます。代表取締役が2人以上いるときは、各自が会社を代表します。

　代表権の範囲は、会社の業務に関する一切の裁判上・裁判外の行為に及びます。代表取締役の権限を取締役会などで制限しても、制限を知らない善意の第三者に対抗できません。たとえば取締役会の決議を経ずに重要財産を処分することも有効です。ただし、相手方が取締役会の決議を経ていないことを知るか知ることができたとき、無効となります。

　また代表取締役が、自己や第三者の利益を追求する目的で、表面上は会社の代表者として法律行為をした場合、相手方がその目的を知るか知ることができたら、無権代理行為となります。会社が追認しなければ、会社に効力は生じません。

代表取締役の選定や辞任、解職

　代表取締役は、取締役会の決議によって取締役のなかから選定されます。代表取締役の就任には、本人の承諾と、さらに法務局における登記（代表取締役の選任登記）が必要です。

　代表取締役も取締役と同様［4-03参照］、会社への意思表示でいつでも辞任できます。また、代表取締役が取締役の地位を失うと、代表取締役も終任となります。しかし、代表取締役を辞任しても、付加的な地位を失うだけで、取締役の地位は失われません。

　取締役会は、取締役会の決議により、代表取締役を解職できます。解職とは、代表取締役の付加的な地位を解くことをいいます。

Keyword　選定　すでに会社で一定の地位を有する者に付加的な地位を与えること。

代表取締役の主な権限

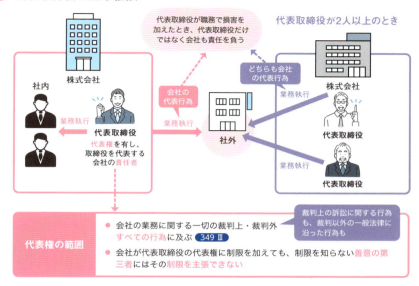

代表取締役の選定の流れ

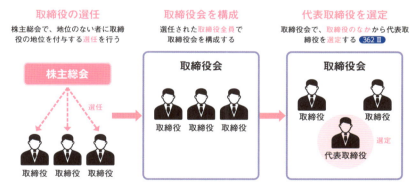

＋ONE 代表取締役の氏名や住所の記載

代表取締役の氏名や住所は、登記すべき事項（登記事項）です 911 Ⅲ 915 Ⅰ 。このため、株式会社の「全部事項証明書」には住所も記載されます。代表取締役の住所が登記事項とされるのは、訴訟における訴状の送達に必要などといった理由があります。

取締役会の招集と議事の運営

> **POINT**
> - 取締役会は、すべての取締役が招集できる
> - 取締役会は、個人的信頼に基づき選任された取締役が集まる場

取締役会の招集の手続

　取締役会は、取締役によって構成され、業務執行の決定を行う会議体です。各取締役は取締役会の招集権をもっています。定款や取締役会の決議により、特定の取締役（代表取締役など）を招集権者に定めることもできます。取締役会の招集権者を定めた場合も、ほかの取締役は招集権者に対して招集を請求でき、一定期間まで招集されないときは自ら招集できます。監査役も、取締役が法令・定款違反の行為をしていると認めるときなどに取締役会の招集を請求できます。

　取締役会の招集の際は、開催日の1週間前（定款で短縮可能）に各取締役に対して招集通知により招集します。招集通知は書面のほか口頭（電話）や電子メールでも可能です。招集通知では会議の目的事項を特定する必要はなく、特定しても別の事項を審議できます。取締役には必要事項を臨機応変に決議することが求められるためです。

　出席権者である取締役、監査役、会計参与全員の同意があるときは、招集の手続を経ずに開催できます。3カ月に1回以上開催することが必要です。

取締役会の議事の運営

　取締役会の議事は、定款や取締役会規程などに従って行われます。取締役会は、個人的な信頼に基づいて選任された取締役が、相互の協議や意見交換を通じて意思決定を行う場であり、代理出席は認められません。映像と音声の送受信により相手の状態を認識しながら通話するオンラインの方法による遠隔参加も出席と認められます。

　監査役設置会社の監査役も、業務監査を適切に行うため、取締役会に出席して必要な意見を述べる義務があります。決議に特別な利害関係を有する取締役（特別利害関係人）は、公正を期すために審議・議決に加われません（定足数にも数えられません）。これは、取締役が会社のために忠実な職務執行の義務を負っている表れです。

🔸 取締役会の招集権者と招集の手続

🔸 特別利害関係人の例

1. 譲渡制限株式の譲渡承認 139 I 決議における株式譲渡の当事者（譲渡人・譲受人）
2. 競業取引・利益相反取引の承認 365 I 決議における取引の当事者
3. 会社に対する責任の一部免除 426 I 決議における免除対象の取締役
4. 監査役会設置会社以外の会社における会社・取締役間の訴えの会社代表者の選任 364 での代表者候補の取締役
5. 代表取締役の解職決議における当該代表取締役
（これに対し、代表取締役の選定の候補者は特別利害関係人にあたらない）

＋ONE　議事録の作成

取締役会の議事については、議事録を作成し、出席した取締役や監査役が署名または記名押印しなければなりません。議事録に異議を出さない取締役は、その決議に賛成したものと推定されます。議事録は本店に10年間備え置かれ、株主は必要があるときに議事録の閲覧謄写を請求できます。

Chapter 4 06 取締役会の決議の要件

> **POINT**
> - 過半数の取締役が出席し、その過半数の賛成で議決される
> - 決議に瑕疵がある場合、内容にかかわらず決議は無効

取締役会の決議に求められる要件

　取締役会の決議は原則、議決に加われる取締役の過半数が出席し（定足数）、出席した取締役の過半数の賛成によって成立します。定款の定めにより、定足数や必要賛成数の要件を重くすることはできますが、緩和はできません。

　取締役会は、実際の会議を開催する必要があります。ただし、機動的な意思決定が必要な場合もあり、定款に定めれば、書面決議が認められます。それには、定款に取締役が提案した決議の目的事項に対し、取締役（当該事項の議決に加われる者のみ）全員が書面で同意の意思表示をしたとき、その提案を可決したものとする旨を定めます。書面には電磁的記録も含まれます。

　なお取締役会設置会社に6人以上の取締役、及び1人以上の社外取締役がいる場合、重要財産の処分・譲受け、及び多額の借財の決定権を、あらかじめ選定した3人以上の取締役（特別取締役）に委任できます。

　これらの決定に全体の取締役会の開催を不要とし、迅速な意思決定ができるようにしたものですが、実際にはあまり利用されていません。

取締役会決議に瑕疵がある場合の決議の効力

　取締役会の決議の内容や手続に瑕疵がある場合、その決議は当然無効です。誰から誰に対しても、いついかなる方法でも無効を主張できます。特別の訴えの制度は設けられていませんが、訴訟に必要な要件（確認の利益）があれば、取締役会の決議の無効または不存在の確認の訴え［3-11参照］を提起することもできます。

　決議内容の瑕疵の例には、法令・定款違反のほか、株主総会の決議への違反があります。手続上の瑕疵の例には、招集権者以外による招集などがあります。たとえば、招集権者以外による株主総会の招集など、軽微な手続上の瑕疵の場合、決議が無効にならない場合もあります。

取締役会の決議に求められる要件

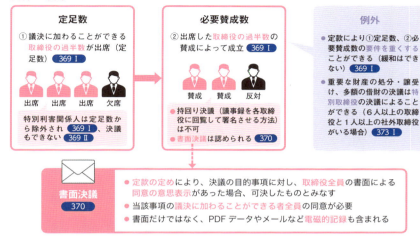

取締役会決議の瑕疵の例

決議内容の瑕疵	● 法令または定款に違反した決議 ● 株主総会の決議に違反した決議
手続上の瑕疵	● 招集権者 366 以外による招集 ● 招集通知の期間 368 Ⅰ の不足 ● 取締役・監査役などへの招集通知 368 Ⅰ の漏れ ● 定足数 369 Ⅰ の不足 ● 不十分な審議 ● 特別利害関係を有する取締役の参加による決議成立

＋ONE　取締役会決議の不存在

取締役会の決議が物理的に存在しない場合や、手続の瑕疵が著しくて取締役会の決議が存在したと法律上評価できない場合には、決議は不存在 [P.84参照] として、効力は認められません。

Chapter 4
07 取締役会が有する権限

> **POINT**
> - 取締役会は原則、すべての業務執行の決定ができる
> - 重要財産の処分や多額の借財を取締役に委ねることはできない

取締役会による業務執行の決定の範囲

　取締役会設置会社では、取締役会が株式会社の業務執行の決定［4-01参照］を行います。法令や定款によって株主総会の決議事項とされたものを除き、取締役会は株式会社の業務執行のすべてについて決定する権限があります。

　特に会社法において、取締役会で決定しなければならないとされている法定権限事項は、その決定の権限を定款の定めによって代表取締役などに委ねることはできません。これは、取締役全員の協議によって適切な意思決定がなされることを期待するためです。たとえば、株式会社の重要財産の処分は、取締役会の決議によらなければなりません。「重要財産の処分」にあたるかどうかは、その財産の価額、当該会社の総資産に占める割合、その財産の保有目的などの事情を総合的に考慮して判断されます。また、多額の借財の決定も含まれます。「多額の借財」にあたるかどうかは、その借財の額、当該会社の総資産、経常利益などに占める割合、当該借財の目的などの事情を総合的に考慮して判断されます。

　なお、定款の定めにより、取締役会の法定権限事項を株主総会の決議事項とすることは可能です。

取締役会による職務執行の監督

　取締役会は、代表取締役と、代表取締役以外の業務執行取締役（及び執行役員）の行う職務執行を監督し、不適任と認めた場合にはそれらの者を解職しなければなりません。

　取締役会がこの監督機能を果たすため、代表取締役などは3カ月に1回以上、自分の職務執行の状況を取締役会に報告しなければなりません。このため、取締役会は3カ月に1回以上開催する必要があるのです。

　また大会社の取締役会は、内部統制システム［2-12参照］に関する事項を決定し、監督体制を整備する必要があります。

📝 取締役会設置会社における業務執行の決定

取締役会
会社の業務執行の決定機関

取締役　取締役　取締役

① 重要財産の処分・譲受け
② 多額の借財
③ 重要な使用人の選任・解任
④ 支店など重要な組織の設置・変更・廃止
⑤ 社債募集の重要事項
⑥ 内部統制システムの整備
⑦ 役員などの責任の免除
⑧ その他重要な業務執行
⑨ 会社法で明示された事項
その他すべての業務執行

選任など →
← 監督など

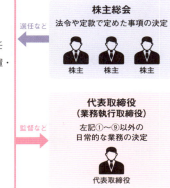

株主総会
法令や定款で定めた事項の決定

株主　株主　株主

代表取締役（業務執行取締役）
左記①〜⑨以外の日常的な業務の決定

代表取締役

📝 会社法が定める取締役会の主な権限事項（法定権限事項）

❶ 要綱を定款で定めた種類株式の内容の決定　108 Ⅲ
❷ 譲渡制限株式・譲渡制限新株予約権の譲渡承認　139 Ⅰ　140 Ⅴ　265 Ⅰ
❸ 自己株式の取得価格などの決定、子会社からの取得、市場取引などによる取得・償却　157 Ⅱ　163　165 Ⅱ　178 Ⅱ
❹ 取得条項付き株式の取得　168 ①
❺ 特別支配株主の株式などの売渡請求の承認　179の3 Ⅲ　179の6 Ⅱ
❻ 株式分割　183 Ⅱ 、株式無償割当て　168 Ⅲ
❼ 所在不明株式の競売など　197 Ⅳ
❽ 公開会社における募集株式・新株予約権の募集事項の決定
　　201 ①　202 Ⅲ　204 Ⅱ　240 Ⅰ　241 Ⅲ　243 Ⅱ
❾ 株主総会の招集の決定　298 Ⅳ　325
❿ 取締役の個人別の報酬などの内容決定に関する方針の決定　361 Ⅶ
⓫ 代表取締役の選定　362 ⅡⅢ
⓬ 取締役の競業取引・利益相反取引の承認　365 Ⅰ
⓭ 補償契約・役員等賠償責任保険契約の内容の決定　430の2 Ⅰ　430の3 Ⅰ
⓮ 計算書類・事業報告・附属明細書の承認　436 Ⅲ
⓯ 中間配当　454 Ⅴ

Chapter 4 08 取締役会非設置会社における業務執行

> **POINT**
> - 業務執行は多くの場合、取締役の過半数で決定する
> - 取締役は原則、各自が会社を代表する代表取締役となる

取締役会非設置会社の業務執行のしくみ

　取締役会非設置会社では、取締役が1人の場合、定款に「一定の業務の決定には株主総会の決議を要する」などの別段の定めがない限り、その<u>取締役が包括的な業務執行の権限</u>をもちます。

　取締役が2人以上の場合には、定款に別段の定めがない限り、<u>取締役の過半数をもって業務を決定</u>します。

　また以下の事項は、定款の定めによっても<u>特定の取締役に決定を委任できず</u>、取締役の過半数をもって決定しなければなりません。
① 支配人の選任・解任
② 支店の設置など
③ 株主総会の招集決定
④ 取締役の職務執行を法令・定款に適合させるためなどの体制の整備
⑤ 役員等の会社に対する責任の免除

　日常の業務の決定は、定款に定めがなくても、取締役の過半数の決定により、各取締役に分担させる、または特定の取締役に単独で委ねることができると考えられています。

　取締役のなかから代表取締役が選定された場合も、ほかの取締役の対内的な業務執行権は当然消滅しません。

取締役会非設置会社の代表権の行使

　取締役会非設置会社では、取締役が2人以上の場合でも、各人が実質的に代表取締役と同じ権限をもちます。つまり原則として、各自が株式会社の業務に関する<u>一切の裁判上・裁判外の行為</u>［P.95参照］ができます。

　各取締役間に上下の指揮命令関係や権限分配が定められ、各人の代表権に制限を設けるなどして、取締役の包括的な権限を制限しても、<u>善意の第三者</u>［P.95参照］に対抗できません。しかし、ある取締役が取締役の過半数の決定を要する決定を欠いて代表行為を行った場合でも、相手方がそれを知るか知ることができたときには、その行為は無効となります。

取締役会非設置会社の取締役の役割

取締役が1人の場合
取締役が**包括的な業務執行権限**を有する `348 I`

取締役

例外
定款に別段の定めがある場合はその機関に委任できる(一定の業務の決定には株主総会の決議を要するなど)

取締役が2人以上の場合
取締役の過半数をもって業務を決定する `348 II`

取締役　取締役　取締役

例外
定款に別段の定めがある場合はその機関に委任できるが、右の事項の決定は委任できない(取締役の過半数で決定 `348 III`)

① 支配人の選任・解任
② 支店の設置など
③ 株主総会の招集の決定
④ 取締役の職務執行を法令・定款に適合するためなどの体制の整備
⑤ 役員等の会社に対する責任の免除

取締役会非設置会社の代表権

取締役会非設置会社
各取締役が会社の業務に関する**一切の裁判上・裁判外の行為**をする権限を有する `349 I II`

裁判上の訴訟に関する行為から裁判以外の一般法律に沿った行為まで

取締役　取締役　取締役
↓
それぞれに代表権がある

例外
● 定款、定款の定めに基づく取締役の互選(多数決)、または株主総会の決議で取締役のなかから代表取締役を定めることができる `349 III`

● 代表権に制限を加えても、それを知らない善意の第三者に対抗できない(無効を主張できない)

+ONE 取締役の業務執行

取締役の業務執行の一環として、ほかの取締役の業務執行に対する監督義務があります。取締役会非設置会社でも、大会社には取締役の過半数による決定で内部統制システム[2-12参照]を構築する義務があります。大会社以外でも、内部統制システムの構築を決定する場合には、会社の基本方針に関わる重要な決定なので、取締役の過半数で決定する必要があります `348 III ④`。

Chapter 4 09 取締役が負うべき善管注意義務・忠実義務

> **POINT**
> - 取締役は職務の執行について、善管注意義務と忠実義務を負う
> - 取締役には、株主の利益を最大化する義務がある

取締役の職務の執行に求められる義務の種類

　取締役には法律により、果たすべき義務が定められています。まず取締役と株式会社との間には民法の委任契約［4-03参照］の規定があり、取締役は職務を遂行するに際し、善良な管理者の注意義務（善管注意義務）を負います。注意の程度は、その地位・状況にある者に通常期待される程度とされ、専門的な能力を評価されて選任された者に期待される水準は高くなります。

　さらに取締役は、法令及び定款、並びに株主総会の決議を遵守して職務を行う義務、株式会社のためその職務を行わなければならない義務（忠実義務）を負います。忠実義務は、善管注意義務をより明確化したものといえます。内容としては、取締役は一般に、会社の利益を犠牲にして自己または第三者の利益を図ってはならない義務を負うと解されています。

株主の利益を最大化するための忠実義務

　忠実義務の「会社の利益」とは、株主の経済的利益のことです。つまり、株主の利益をなるべく大きくするよう善管注意義務をもって職務を行うということです（株主の利益を最大化する義務）。この利益には短期的なものだけではなく、長期的に得られると期待されるものも含まれます。

　株主利益最大化の原則は、いかなる場面でも貫徹すべきものではなく、合理的な範囲の制限・修正が認められます。たとえば、株主の利益より法令遵守義務が優先されます。また、債権者の犠牲のもと、過度にリスクのある投資をすることは、株主の利益を最大化するものでも、社会全体の利益を減少させるため禁じられると考えられています。

　寄付などの慈善活動や、社会・環境に配慮した経営（企業の社会的責任やCSR経営）など、株式会社が社会的に期待される行為を行うことは、株主の利益の最大化につながらなくても許容されます。

取締役が負う主な義務の種類

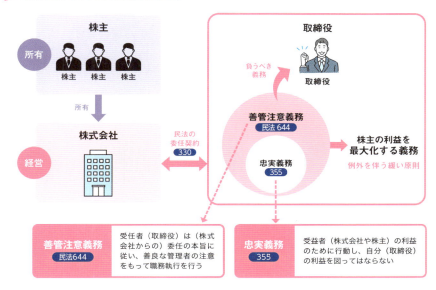

株主の利益を最大化する義務の主な例外

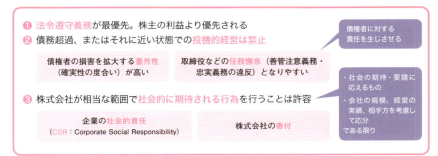

+ONE 取締役以外で善管注意義務を負う者

監査役、会計参与、会計監査人も、取締役と同様、その職務の遂行について善管注意義務を負います 644 。善管注意義務の内容は基本的に取締役と同じですが、忠実義務は負いません。監査役と会計参与は業務執行を行わないので、取締役が負う競業避止義務 [4-10参照]、利益相反取引規制 [4-11参照] はありません。

Chapter 4-10 取締役が避けるべき競業取引（取締役の競業避止義務）

> **POINT**
> - 取締役は株式会社に対して競業取引を避ける義務を負う
> - 競業取引で株式会社に損害が生じた場合は任務懈怠の責任を負う

競合する事業を制限する競業避止義務

取締役には、株式会社の事業と競合するような事業を行うことが制限されます（競業避止義務）。取締役が自己または第三者のために会社の事業の部類に属する取引をしようとする場合、取締役会非設置会社では株主総会の承認（普通決議）、取締役会設置会社では取締役会の承認を受けなければなりません。これは、取締役が株式会社の営業の秘密に通じていることと、本来の職務である業務執行に個人的利益の影響があることを捉えて規制するものです。

制限されるのは、株式会社の事業と競合し、利益衝突を生じるおそれのある取引です。商品の種類や営業地域、取引段階などが異なれば、競合しないこともありますが、各領域への進出を計画していれば競合になります。資金借入れなどの補助的行為は、事業の部類に属する取引にあたりません。

取引の承認の手続と承認を受けなかった場合の影響

承認は個々の取引についてなされ、その取引の重要な事実（競業取引が株式会社に与える影響を判断するのに必要な事実）を開示する必要があります。1回の取引の場合は、目的物・数量・価格などです。包括的な承認を受ける場合、たとえば競業会社の代表取締役に就任する場合は、その会社の事業の種類・規模・取引範囲などを開示します。承認を得ても、競業取引により株式会社に損害が生じれば、その行為に任務懈怠［4-13参照］のある取締役が責任を負います。承認を得ずに競業取引をしたとき、株式会社はその取締役に対して損害賠償を請求できます。

競業避止義務違反の場合、競業取引により取締役や第三者が得た利益の額は、任務懈怠による損害の額と推定されます。競業取引で株式会社が被った損害額の算定は困難なため、立証の負担を軽くして取締役の違反防止を促す目的です。

Keyword 会社の事業の部類に属する取引　会社が実際に行っている取引と目的物（商品・役務の種類）及び市場が競合する取引。

競業として制限される取引と制限されない取引の例

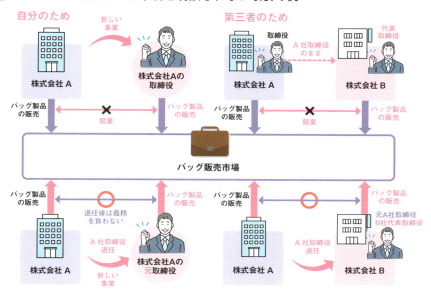

競業取引をした取締役の責任

＋ONE　競業を制限するための契約

取締役退任後の競業を制限するためには、その旨の契約が必要です。ただし取締役の職業選択の自由に関わるので、①取締役の社内での地位、②営業秘密・得意先の維持などの必要性、③地域・機関などの制限内容、④代償措置などの諸要素を考慮し、必要性・相当性が認められる限りで有効と考えられます。

Chapter 4-11 取締役と株式会社の利益が相反する取引（利益相反取引）

> **POINT**
> - 取締役と株式会社で利益が相反する取引を行うには承認が必要
> - 利益相反取引規制は、直接取引及び間接取引に及ぶ

直接取引と間接取引の利益の相反性

　株式会社とその取締役が取引関係になる場合は「利益相反取引」に注意が必要です。次の2つの形態があります。まず「直接取引」は、取締役が当事者として（自己のため）、または他人の代理人・代表者として（第三者のため）株式会社と取引をする場合です。一方、「間接取引」は、株式会社と第三者との取引であり、取締役と株式会社との利益が相反する場合（株式会社による取締役の債務保証など）です。いずれの場合も、取引を行うとき、取締役会非設置会社では株主総会の承認（普通決議）が必要であり、取締役会設置会社では取締役会の承認が必要です。

　利益相反取引は取締役の影響力を使って自己または第三者の取引条件を有利にし、株式会社を不利にするおそれがあります。ただし、株式会社の利益になることも多いため、一律禁止ではなく、株主総会や取締役会の承認を必要にしたのです。

取引の承認の手続と承認を受けなかった場合の影響

　利益相反取引の承認は、競業取引［4-10参照］と同様に取引ごとの承認が原則ですが、取引が反復・継続されるときに包括的な承認も受けられます。承認には重要な事実の開示が必要です。

　承認を受けると、利益相反取引は取引が有効になります。ただし承認を受けても、その取引で株式会社に損害が生じた場合、その取引に任務懈怠［4-13参照］のある取締役が、株式会社に対して損害賠償責任を負います。損害が生じたら、①取引を行った取締役、②当該取引を行うことを決定した取締役、③当該取引の承認決議に賛成した取締役は、任務懈怠の推定がされます。株式会社に不利な取引を防ぐため、取締役の責任を重くしているのです。承認を受けない取引は、権限なく行った無権代理行為となり、株式会社は取締役か、取締役の代理による直接取引の相手方に対し、取引無効を主張できます。

承認が必要とされる取引の主な事例

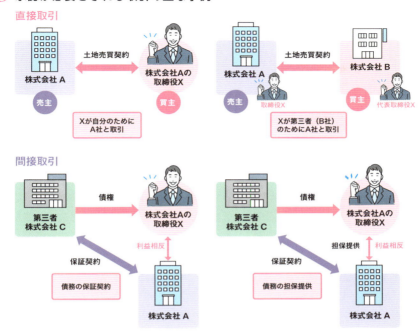

利益相反取引の規制が及ばない主な事例

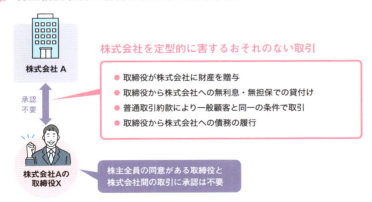

Chapter 4
12 取締役の報酬のしくみ

> **POINT**
> - 取締役の報酬は、株主総会で上限が決められる
> - 業績に応じて変動する報酬などにも同様の規制がある

取締役の報酬金額を決めるための規制

取締役は株式会社から報酬を受けることが一般的です。取締役就任時には、株式会社との間で委任契約が締結されることがありますが、そこで報酬も定められます。しかし何らの規制もなければ、取締役同士で不当に高い金額が定められる（お手盛り）危険があります。そこで会社法では、取締役の報酬は、①定款の定め、②株主総会の決議（普通決議）によるものでなければならないとしています。報酬には、賞与その他の職務執行の対価として株式会社から受ける財産上の利益や、終任した取締役に支払われる退職慰労金（弔慰金）も含まれます。

実務上は、取締役の各個人の報酬金額が明らかにならないよう、株主総会では取締役全員の報酬総額の最高額のみを定め、各取締役の報酬金額の決定はその枠内で取締役会（取締役の過半数による決定）や代表取締役に一任されることがほとんどです。

取締役の特殊な報酬の決定方法

金額が事前に確定していない報酬については、その具体的な算定方法を定める必要があります。たとえば「株式会社の営業利益の１％を報酬として与える」などです。株主総会では取締役全員についてその上限を決めれば足ります。

このように、株式会社の業績に応じて変動させる報酬をインセンティブ報酬といいます。

報酬として、株式や新株予約権（ストックオプション）[P.176参照]を与えることもあります。株式を与える場合、取締役がすぐにそれを売却すると、インセンティブ報酬の機能がなくなるため、譲渡を一定期間制限するか、一定期間の経過後に交付することが多いです。いずれも定款や株主総会では、株式や新株予約権の数の上限など、一定事項を定めなければなりません。

報酬金額などについて定款や株主総会で定めるべき事項

金銭

金額が確定しているもの
- その金額
  →取締役全員に支給する総額などのみ

金額が確定していないもの
- その具体的な算定方法

金銭でないもの

株式会社の募集株式 199 Ⅰ
1. 当該募集株式の数の上限
2. 一定事由が生ずるまで譲渡を禁ずる場合、その旨及び当該一定事由の概要
3. 一定事由の発生を条件に、当該募集株式を株式会社が無償で取得する場合、その旨及び当該一定事由の概要
4. 取締役に募集株式を割り当てるその他条件を定める場合、その条件の概要

取締役

> 一定期間の譲渡を禁止された募集株式の交付により、その期間内に株式会社の業績を上げようというインセンティブが発生

株式会社の募集新株予約権 238 Ⅰ （ストックオプション）
- 当該募集新株予約権の数の上限その他法務省令 会社法施行規則 98の3 で定める事項

株式会社の募集株式・募集新株予約権と引換えにする払込みに充てる金銭
- 取締役が引き受ける当該募集株式・募集新株予約権の数の上限その他法務省令 会社法施行規則 98の4 で定める事項

その他
- 具体的内容

＋ONE　報酬金額の決定と特別利害関係人

定款または株主総会の決議により定められた範囲における、各個人の報酬などの内容を決めることは、株式会社の利害に関わりません。そのため各取締役は、自己の報酬金額の決定について、特別利害関係人 369 Ⅱ にはなりません。

Chapter 4
13 取締役が任務を怠った場合の任務懈怠責任

> **POINT**
> - 取締役は任務懈怠責任により、損害を賠償する責任を負う
> - 任務懈怠とは、株式会社に対する善管注意義務や忠実義務の違反

取締役が任務懈怠責任を追及される行為

　取締役がその任務を怠った場合は、株式会社に対し、これによって生じた損害を賠償する責任（任務懈怠責任）を負います［5-01参照］。株式会社が取締役の任務懈怠責任を追及する際には、訴訟で次の事実の主張立証が必要です。①取締役選任とこれに基づく任用契約、②取締役の任務懈怠、③損害の発生及びその金額、④任務懈怠と損害との間に相当因果関係があること。

　法令遵守義務、善管注意義務、監視義務、内部統制システムの整備義務、株式会社の利益を犠牲にして自己または第三者の利益を図らない義務などに対する違反行為が任務懈怠となります。

　経営判断については、取締役に広い裁量が認められ、その判断の過程や内容に著しく不合理な点がない限り、取締役としての善管注意義務に違反しないと考えられています。著しく不合理かどうかの審査は、経営判断がなされた当時における、その会社の属する業界の通常の経営者の有すべき知見・経験を基準に、これを著しく下回っているかどうかによって判断すべきと考えられます。

任務懈怠責任が認められた場合の責任の内容

　任務懈怠責任の要件が満たされると、取締役は株式会社の損害を賠償する責任を負います。取締役の任務懈怠で株式会社が課徴金や罰金を負担した場合も、賠償責任の範囲に含まれます。

　同一の損害について、複数の取締役に任務懈怠責任が成立する場合、それらの者の責任は連帯債務 民法436 になります。もっとも、全員が損害すべての責任を負うわけではなく、実際の各取締役の責任は、損害に対する各取締役の寄与度に応じて減額されることもあります。そして、ある取締役が株式会社に対して任務懈怠責任を履行した場合、その負担額に応じ、ほかの取締役に対して求償権 民法442 を取得します。

取締役の任務懈怠（義務違反）の内容

任務懈怠責任 423
取締役、会計参与、監査役、執行役または会計監査人は、その任務を怠ったときは、株式会社に対し、これによって生じた損害を賠償する責任を負う

すべての義務を遵守する責任

法令遵守義務 355
法律や規則など社会で決められたルールを守ること。会社法だけではなく、すべての法令が該当

→ 法令違反に対して取締役に責められるべき事由（故意過失など）が必要

監視義務
取締役会は会社業務を監督する職務があり 362 Ⅱ②、各取締役も代表取締役などによる業務執行を監視する義務を負う

→ 各取締役はほかの取締役の業務について、内容の適正さに疑いを抱かせる事情を知り得た場合でない限り、適正に行われていると信頼することが許される（信頼の原則、信頼の権利）

内部統制システムの整備義務
事業規模の大きい会社の取締役は、会社業務の適正を確保するために必要な体制を整備する義務を負う

会社の利益を犠牲にして自己または第三者の利益を図らない義務
会社の利益より、自己や第三者の利益を優先させないこと

任務懈怠責任の追及に求められる事実

取締役選任とこれに基づく任用契約
株主総会の決議の日とその内容、取締役と株式会社の間で締結された契約の内容

取締役の任務懈怠（の具体的事実）
法令・定款違反の行為または善管注意義務違反を基礎付ける事実

損害の発生及びその金額
株式会社に発生した損害の内容と具体的な金額

任務懈怠と損害との間の相当因果関係
任務懈怠と損害発生の間に相当因果関係があること

＋ONE　任務懈怠と法令遵守義務、善管注意義務との関係

取締役と株式会社との関係は、委任に関する規定に従うことから 330、取締役の任務懈怠とは、株式会社に対する善管注意義務に違反したことをいいます。また、法令を遵守して職務を行うことも取締役の任務に含まれます 355。競業及び利益相反取引の制限 356 は法令の具体的規定の１つです。

第4章 取締役・取締役会のしくみ

COLUMN 4

誰が会社の契約書に押印するのか

会社を代表する権限をもつ者が契約権者

　株式会社が契約を締結する際、会社自体は契約を締結できず、契約書の締結権者になれません。その会社を代表する権限または代理権をもつ者が、会社に代わって行動し、契約書の締結を行います。

　契約締結の権限をもつ者は通常、第一義的には会社の代表取締役または代表執行役です。そのため契約書にも、会社の代表取締役などが記名押印します。これに対し、大きな会社では部長が契約書に記名押印することがあります。これは、「事業に関するある種類または特定の事項の委任を受けた使用人は、当該事項に関する一切の裁判外の行為をする権限」 14 をもつとされ、その部長が代理権をもっているからです。したがって、相手方の事業部の部長が記名押印をしてきても、訂正を求める必要はありません。

代表権をもつといえる名称を与えた場合の会社の責任

　会社が代表権のない取締役に「社長」や、その他会社を代表する権限をもつと認められる名称を付した場合、会社はその取締役がした行為について、代表権がないことを知らなかった（善意の）第三者に対しても責任を負わなければなりません。このような取締役を「表見代表取締役」 354 といいます。誰が代表取締役かは登記を見ればわかりますが 911 Ⅲ ⑭ 、取引の相手方としては、取引の際にいちいち登記で代表取締役を確認することは負担であり、代表権をもっているような名称が与えられている者を代表取締役と信頼して取引をすることもあるでしょう。そこで、そのような名称を与えられた者を代表取締役と信頼して取引をした相手方を、登記で確認しなくても保護することにしたのです。代表執行役にも、同様の制度があります 421 。

　会社を代表する権限をもつと認められる名称としては、社長や副社長のほか、頭取、副頭取、会長、副会長、専務取締役、常務取締役などがあります。表見代表取締役制度が適用されるためには、このような名称の使用について会社側に責任があることが必要です。会社が名称の使用を黙認していた場合、会社の責任が認められます。

Chapter5

株式会社の役員の責任

役員等には、取締役、監査役、会計参与と、執行役、会計監査人が含まれます。取締役だけではなく役員等も、法令・定款への違反や過失による損害などを発生させた場合には、その責任を問われます。第5章では、役員等が負うべき責任と、それに関連する手続や契約などについて説明します。

Chapter 5

01 役員等の任務懈怠の責任

> **POINT**
> - 任務懈怠責任の機能は、役員等の職務懈怠を抑止するためのもの
> - 役員等には、任務懈怠責任の免除や限定の制度がある

役員等が任務を怠った場合の責任

　取締役だけではなく、株式会社の役員が任務を怠った場合にも任務懈怠責任 [4-13参照] を問われます。役員は株式会社に対し、これによって生じた損害を賠償する責任を負います。

　役員等とは、役員（取締役、監査役及び会計参与）のほか、執行役及び会計監査人を指します [2-03参照]。役員等の任務懈怠責任は、役員等が株式会社に対し、適正な職務を行うよう動機付けるため（抑止機能）だけではなく、株式会社の損害の回復機能（損害填補機能）の目的もあります。役員等に任務懈怠責任が生ずる要件は、①役員等の任務懈怠、②損害の発生及びその金額、③任務懈怠と損害との間に相当因果関係があることです。役員等の責任を追及する者（株式会社や代表訴訟の原告株主）は、裁判で①〜③の事実の主張立証が必要です。

役員等の任務懈怠責任の免除や限定

　役員等の責任を重くすると、会社経営の委縮や、役員等のなり手不足になるおそれがあります。また役員等に法的な責任があっても、訴訟で損害賠償義務を追及するまでもなく、会社内の処分で足りる場合もあります。そのため会社法では、役員等の地位や責任の程度に応じ、一定の限度で役員等の任務懈怠責任の免除や限定を認めています。役員等の責任を全部免除するには原則、株主全員の同意が必要です。

　また会社法では、役員等が職務の際に善意かつ無重過失がある場合、株式会社が一定の要件下で、役員等の任務懈怠責任の一部（役員等の地位に応じた最低責任限度額を超える部分）を免除することを認めています。

　さらに、業務執行取締役 2⑮イ 以外の役員等は、株式会社との契約（責任限定契約）で、任務懈怠責任を一定額に限定することを認めています。

役員等が負う任務懈怠責任

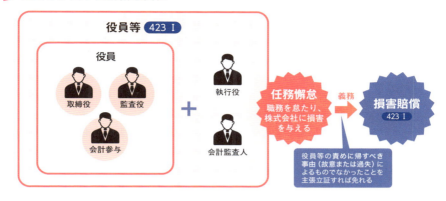

役員等の任務懈怠責任の免除と限定

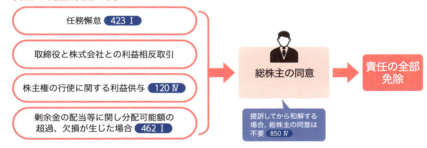

責任の一部免除・限定

役員等の種類	株主総会決議による一部免除 425	定款の規定に基づく責任限定契約 427
代表取締役、代表執行役	最低責任限度額（報酬などの6年分）を超える分について可能	責任限定契約の締結はできない
業務執行取締役、執行役	最低責任限度額（報酬などの4年分）を超える分について可能	
そのほかの取締役、会計参与、監査役、会計監査人	最低責任限度額（報酬などの2年分）を超える分について一部免除・責任限定契約が可能	

Chapter 5 02 株主が責任を追及する株主代表訴訟

> **POINT**
> - 株式会社が役員等の責任を追及しないときは株主が追及できる
> - 株主代表訴訟で勝訴すると、損害賠償金は株式会社に支払われる

株主からの役員等への責任追及の方法

会社法では個々の株主に、役員等の責任を追及する訴えを起こすこと(株主代表訴訟)を認めています。株主が役員等の責任を追及する訴えを起こす場合、本来、訴訟で原告となるのは、取締役や執行役に対しては監査役、それ以外の役員等に対しては代表取締役などの株式会社の代表機関です。しかし、役員の仲間意識などにより責任が適切に追及されない可能性があります。そこで、株主代表訴訟が重要になるのです。

提起できるのは、①役員等や発起人、清算人等の責任(任務懈怠責任、利益供与の責任、剰余金の配当に関する責任など)を追及する訴え、②株式の引受人、新株予約権者に支払いや給付を求める訴え、③利益供与を受けた者から利益返還を求める訴えです。これらは、責任追及等の訴えと総称されます。

株主代表訴訟を起こすための手続

株主(公開会社では6カ月前〈定款で短縮可能〉から株式を有する者のみ)は株式会社に対し、書面などで責任追及等の訴えを起こすことを請求(提訴請求)できます。提訴請求は、権利の主体である株式会社に対し、訴訟を起こすか否かの判断機会を与えるためのものです。提訴請求の日から60日以内に株式会社が責任追及などの訴えを起こさない場合、その株主は株式会社のために責任追及などの訴えを起こすことができます。

株式会社は、60日以内に訴えを起こさない場合、請求主体の株主、または請求対象の被告候補者からの請求により、その訴えを起こさない理由を書面などで遅滞なく通知しなければなりません。

株主代表訴訟の判決は、株式会社に効力が及びます。勝訴の場合、損害賠償金は株式会社に支払われます。敗訴の場合も、株主は(悪意があったときを除き)株式会社に対し、不法行為に基づく損害賠償責任を負いません。

🖊 株主代表訴訟の提起の流れ

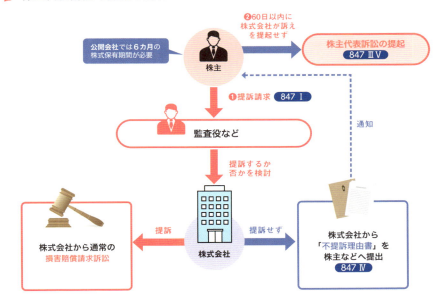

🖊 株主代表訴訟の概要

提訴する裁判所	株式会社の**本店所在地**を管轄する地方裁判所 `848`
提訴手数料	財産上の請求でない請求にかかる訴え `847の4 Ⅰ` として **一律13000円**
担保	代表訴訟の被告が、訴えの提起が**原告株主の悪意**によるものであることを疎明したとき、裁判所は原告株主に対して**担保提供を命令**できる 　　ある程度確かとなった　　　被告1人につき300～1000万円程度が多い
判決の効力	● 勝訴・敗訴を問わず**株式会社に効力が及ぶ** `民訴法115 Ⅰ②` ● 株主が勝訴した場合、株主は支出した必要費用と弁護士報酬のうち相当額の支払いを株式会社に請求できる `852 Ⅰ` ● 敗訴した株主は、悪意があった場合のみ、株式会社に対して損害賠償責任を負う `852 Ⅱ`

Chapter 5 03 役員等の株式会社以外の第三者への損害賠償責任

> **POINT**
> - 職務執行に重大な過失のある役員等は、第三者に責任を負う
> - 名目的取締役も、第三者から責任を問われる可能性がある

株式会社と取引をする第三者に役員等が負う責任

　役員等はその職務執行において、第三者に対しても責任を負います。役員等の職務執行に悪意または重大な過失があった場合、当該役員等はこれによって第三者に生じた損害を賠償しなければなりません。この責任は、株式会社が経済社会で重要な地位を占めること、しかもその活動が役員等の職務執行に依存することに鑑み、役員等に法定の特別責任を課し、第三者の保護を図ったものと考えられます。

　損害は、直接・間接を問いません。直接損害とは、取締役の悪意・重過失で第三者が直接損害を被る場合です。たとえば、株式会社が倒産寸前の時期に、取締役が返済見込みのない金銭借入れなどを行ったことで、契約相手方である第三者が被る損害のことです。一方、間接損害とは、役員等の悪意・重過失による任務懈怠で株式会社が損害を被った結果、第三者に損害が生じた場合です。たとえば、取締役の放漫経営などで株式会社が倒産した場合に債権者が被る損害が該当します。

取締役に形式的に就任しただけの者の責任

　代表取締役の親族などで取締役に就任しただけで職務は行っていない者（名目的取締役）でも、ほかの取締役の職務執行を監視する義務を怠ったとして債権者などの第三者から責任を追及されることがあります。名目的取締役は無報酬であることも多く、重大な過失による任務懈怠といえないとして責任を否定する判例も少なくありません。しかし、名目的取締役も適法な手続で就任している限り、取締役の責任が生ずる場合もあります。

　第三者としては役員等を相手にせざるを得ないこともあります。さらに判例では、株式会社が退任した取締役の退任登記を申請せず、その取締役が事実に反する登記の存続を明示的に承諾していたなどの特段の事情がある場合、第三者に対して責任を負うとしています。

🖋 役員等の任務懈怠行為により第三者が受ける直接・間接損害

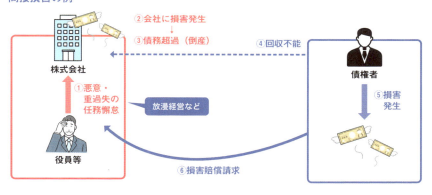

🖋 役員等の第三者に対する責任の発生要件

> ❶ 役員等が株式会社に対する任務を懈怠したこと
> ❷ 当該任務懈怠について、役員等に悪意または重大な過失があること
> ❸ 第三者に損害（直接損害または間接損害）が生じたこと
> ❹ 当該損害と任務懈怠との間に相当因果関係［P.112 参照］があること

Chapter 5
04 役員等の負担を軽減する補償契約と保険契約

> **POINT**
> - 補償契約とD&O保険により、役員等の責任追及の負担を軽減できる
> - 補償契約とD&O保険は、取締役会や株主総会で内容を決定する

役員等の負担軽減のための2つの契約

　株式会社から役員等への責任追及には、会社経営を委縮させたり役員等のなり手不足を招いたりするおそれがある［P.116参照］ため、株式会社が負担軽減の手当てをすることがあります。具体的には、補償契約と役員等賠償責任保険契約が該当します。

　補償契約とは、株式会社が役員等に、次の全部または一部を補償する契約です。①役員等が職務執行に関し、法令違反が疑われ、または責任追及にかかる請求を受け、対処するための費用（防御費用）、②役員等が職務執行に関し、第三者に与えた損害の賠償責任を負うことによる損失（和解に基づく金銭支払いを含む）が補償の対象です。

　役員等賠償責任保険契約（D&O〈Directors & Officers〉保険ともいう）は、株式会社が保険会社と締結する保険契約です。役員等を被保険者として、役員等が職務執行に責任を負うこと、または責任追及にかかる請求を受けることで生ずる可能性のある損害を保険会社に補填してもらう契約です。

補償契約と役員等賠償責任保険契約に対する規制

　会社法は、不必要または不合理な契約によって役員等の職務執行の適正が損なわれ、株式会社の利益が害されないよう、これらの契約締結に一定の規制を定めています。

　株式会社が役員等と補償契約または役員等賠償責任契約を締結するには、取締役会設置会社では取締役会の決議、取締役会非設置会社では株主総会の決議により、契約内容を決定しなければなりません。これに対し、利益相反取引［4-11参照］に関する任務懈怠の推定規定、及び無過失責任規定は、これらの契約には適用されません。

　補償対象については、会社法に補償契約への規制がありますが、役員等賠償責任保険契約には規制がありません。そのため、役員等が第三者責任や会社責任に負担する損失も役員等賠償責任保険契約の対象にできます。

補償契約の補償内容

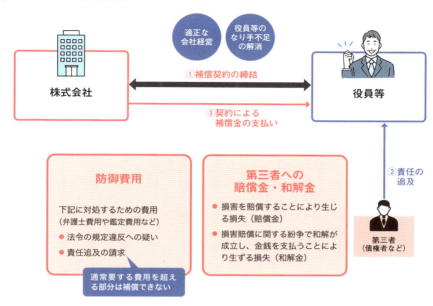

役員等賠償責任保険契約（D&O保険）の内容

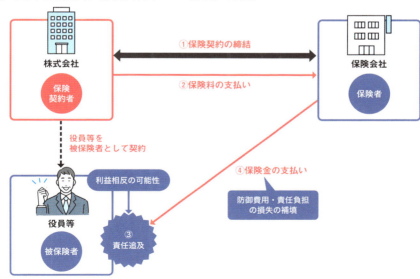

Chapter 5 会社法における役員等への刑罰・過料

> **POINT**
> - 会社法にも役員等に対して、刑罰と過料の制裁の規定がある
> - 会社法で最も重い犯罪は、取締役などによる特別背任罪

会社法の刑罰の種類とその主な目的

　会社法は、第8編に罰則を設け、刑罰と過料の制裁を定めています。会社法の刑罰対象の多くは、株式会社に関する違法行為です。役員等は、会社法に定める違法行為の刑罰のほか、業務上横領罪や背任罪などの刑法で定める犯罪行為の刑罰も課されます。一方、過料は刑罰とは異なり、民事上の秩序維持のための制裁であり、主に金銭の負担を課すものです。

　会社法が特別に株式会社に刑罰を定めているのは、株式会社が今日の社会で重要な機能を果たしており、その適正な活動が社会の関心事であるためです。さらに株式会社では、所有と経営が分離され、一般の株主による監視が十分でないため、役員による違法行為が看過されやすくなります。結果、事業の破綻を招き、株主や債権者に重大な損害をもたらすとともに、社会にも重大な悪影響を及ぼすおそれがあるためです。

会社法の罰則の種類

　会社法の罰則は、①会社財産を侵害する罪（特別背任罪、会社財産を危うくする罪、預合いの罪）、②会社運営の健全性を害する罪（株式の超過発行の罪、取締役の贈収賄罪、株主などの権利行使に関する贈収賄罪）、③会社法上の義務履行を担保する罪（業務停止命令違反の罪、虚偽届出等の罪）などです。③は主に過料対象で、刑罰と過料は違法性の程度で区別されます。

　会社法で最も重い犯罪は特別背任罪です。取締役などが自己や第三者の利益を図る、または株式会社に損害を与える目的で任務に背く行為（任務違背行為）をし、株式会社に損害を与えたときに成立します。任務違背行為とは「誠実な事務処理者としてなすべきものと法的に期待されているところに反する行為」で、不作為（債権回収を怠るなど）も含まれます。法定刑は10年以下の懲役か1000万円以下の罰金で、刑法の背任罪の加重類型になります。

会社法の定める役員等の主な犯罪

取締役などの特別背任罪 960 I

対象者
1. 発起人
2. 設立時取締役または設立時監査役
3. 取締役、会計参与、監査役または執行役
4. 民事保全法56 の仮処分命令で選任された取締役、監査役または執行役の職務代行者
5. 一時取締役、会計参与、監査役、代表取締役、委員、執行役または代表執行役の職務を行うべき者
6. 支配人
7. 事業に関するある種類または特定の事項の委任を受けた使用人
8. 検査役

実行行為（犯罪事実）
自己や第三者の利益を図り、または株式会社に損害を加える目的で、その任務に背く行為をし、当該会社に財産上の損害を加えたとき

罰則
10年以下の懲役（拘禁刑）もしくは1000万円以下の罰金または両方

会社財産を危うくする罪 963 II

対象者
3. 取締役、会計参与、監査役または執行役
4. 民事保全法56 の仮処分命令で選任された取締役、監査役または執行役の職務代行者
5. 一時取締役、会計参与、監査役、代表取締役、委員、執行役または代表執行役の職務を行うべき者

実行行為（犯罪事実）
199 I③ または 236 I③ に掲げる事項について、裁判所または創立総会、もしくは種類創立総会に対し、虚偽の申述を行い、または事実を隠ぺいしたとき

罰則
5年以下の懲役（拘禁刑）もしくは500万円以下の罰金または両方

株式の超過発行の罪 966

対象者
1. 発起人
2. 設立時取締役または設立時監査役
3. 取締役、執行役または清算株式会社の清算人
など

実行行為（犯罪事実）
株式会社が発行できる株式の総数を超えて株式を発行したとき

罰則
5年以下の懲役（拘禁刑）または500万円以下の罰金

取締役などの贈収賄罪 967 I

対象者
1. 960 I 各号に掲げる者（上記「特別背任罪」参照）または 960 II 各号に掲げる者（清算人など）
2. 961 に規定する代表社債権者または決議執行者
3. 346 IV の規定により会計監査人が欠けた場合、欠員を補うために選任された一時会計監査人の職務を行う者

実行行為（犯罪事実）
その職務に関し、不正の請託を受け、財産上の利益を収受し、またはその要求もしくは約束をしたとき

罰則
5年以下の懲役（拘禁刑）または500万円以下の罰金

株主などの権利行使に関する贈収賄罪 968 I / 968 II

対象者・実行行為（犯罪事実）
1. 968 I 株主・債権者・社債権者などのもつ権利に関し、不正の請託を受け、財産上の利益を収受し、またはその要求もしくは約束をした者
2. 968 II ①の利益を供与し、またはその申込みもしくは約束をした者

罰則
5年以下の懲役（拘禁刑）または500万円以下の罰金

株主の権利行使に関する利益供与の罪 970 I

対象者
● 960 I③～⑥ に掲げる者（上記「特別背任罪」参照）、またはそのほかの株式会社の使用人

実行行為（犯罪事実）
株主の権利行使に関し、当該会社またはその子会社の計算において財産上の利益を供与したとき

罰則
3年以下の懲役（拘禁刑）または300万円以下の罰金

第5章 株式会社の役員の責任

COLUMN 5

役員のハラスメントに対する責任

任務懈怠だけではなく不法行為に対する責任も重要

　会社の役員は、一般的な不法行為に対する責任も負う必要があります。近年、職場の不法行為として、セクシャル・ハラスメント（セクハラ）やパワー・ハラスメント（パワハラ）が社会問題となっていますが、役員が加害者となることも少なくありません。役員のパワハラの責任について見てみましょう。

　職場におけるパワハラは、「職場において行われる①優越的な関係を背景とした言動であって、②業務上必要かつ相当な範囲を超えたものにより、③労働者の環境が害されるものであり、①から③までの要素をすべて満たすもの」と定義されます。その指針では、②の「業務上必要かつ相当な範囲を超えたもの」という要件について、「社会通念に照らし、当該言動が明らかに当該事業主の業務上必要性がない、またはその態様が相当でないもの」を指すとし、「業務上明らかに必要性のない言動」「業務の目的を大きく逸脱した言動」「業務を遂行するための手段として不適当な言動」「当該行為の回数、行為者の数など、その態様や手段が社会通念に照らして許容される範囲を超える言動」を挙げています。会社は、パワハラにより労働者の就業環境が害されないよう、雇用管理上必要な措置を講じる義務があります 労働施策総合推進法30の2 Ⅰ 。

不法行為を行った役員や会社の責任

　役員が不法行為を行った場合、その役員は自身の不法行為責任 民法709 として損害賠償義務を負います。不法行為に該当するかは、特に業務上必要な指導の限界が問題となります。裁判では、その行為が社会通念上許容し得る範囲を超えて被害者の人格権を侵害したといえるかなどの観点で判断されます。

　役員の不法行為で、会社が損害賠償責任を負うことがあります 民法715 。使用者としての会社の責任は、不法行為が事業の執行に関してなされたものとして認められる場合と、職場の管理者として職場環境の悪化への配慮を怠ったという注意義務違反として認められる場合があります。パワハラで労働者が自殺した場合、会社も多額の損害賠償責任を負うことになりかねません。会社はハラスメントを経営リスクと捉え、その防止に努めることが重要です。

Chapter6

株主と株式の
基礎知識

株主は株式会社の構成員であり、株主の地位（資格）を表すものとして株式が与えられます。株主には、特定の権利が認められていますが、その権利行使については法律や定款の定めに従わなければなりません。第6章では、株主の権利や責任、株式の種類、株式に関連する法律の規定などの基礎知識について説明します。

Chapter 6 01 株式会社に対する株主の権利

> **POINT**
> - 株主は、株式会社の構成員としての地位である株式を保有する人
> - 株主は株式会社に対し、自益権と共益権を有している

株主の意味と株主になる方法

　この章では株式会社の重要な要素である「株主」と「株式」について見ていきましょう。まず株主は、株式会社の構成員であり、株式会社を所有［3-02参照］する者です。また株式は、株式会社の構成員としての地位（資格）を表すものです。株主には株式が与えられます。株主の地位は、株式により均等に細分化された割合的単位［P.130参照］の形式をとり、株主には株式会社に対する特定の権利が認められます。

　株主になる方法は、主に2つあります。1つは出資であり、株式会社に対して財産を拠出するのと引換えに株式の発行を受ける方法です。もう1つはほかの株主が保有する株式を取得する方法です。後者には、譲渡などで個別的に取得する方法と、相続や合併などで包括的に取得する方法があります。

株主に認められている権利の種類

　株主の権利は、内容面で2種類に分かれます。1つは株式会社から経済的利益を受ける権利（自益権）です。主なものに、剰余金の配当を受ける権利や、株式会社の解散の際、債務弁済後に残った財産（残余財産）の分配を受ける権利などがあります。

　もう1つは、株式会社の経営に参与、あるいは経営を監督・是正する権利（共益権）です。主なものに、株主総会の議決権、総会における質問権や提案権、招集権などがあります。また、各種訴訟の提訴権や、定款などの書類の閲覧等請求権も共益権です。

　ほかに株式には、単独株主権と少数株主権という区別があります。前者は、1株でも株式を保有していれば行使できる権利です。後者は、権利行使に一定の数の議決権、または総株主の議決権に対する一定の割合の株式をもっている必要がある権利です。自益権は一般に単独株主権で、共益権は単独株主権と少数株主権に分かれます。

株式会社と株主、株式の関係

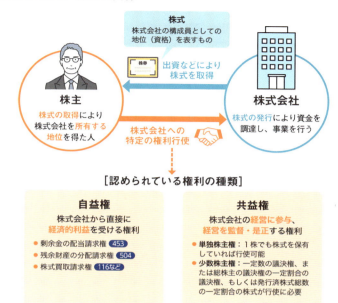

株主の主な共益権の例

単独株主権の共益権の例

- 議決権 308 Ⅰ
- 議案提案権 304
- 取締役会非設置会社の議題提案権
- 議案の要領記載請求権 303 Ⅰ　305 Ⅰ　など

少数株主権の共益権の例

例	保有議決権数・株式数要件	保有期間要件
取締役会設置会社の議題提案権・議案の要領記載請求権 303 Ⅱ　305 Ⅰただし書	総株主の議決権の1％以上 または300個以上の議決権	行使前6カ月
会計帳簿の閲覧等請求権 433	総株主の議決権の3％以上 または発行済株式総数の3％以上	要件なし
役員、清算人解任の訴えの提起権 854　479 Ⅱ	総株主の議決権の3％以上 または発行済株式総数の3％以上	行使前6カ月
役員等の責任免除に対する異議権 426 Ⅶ	総株主の議決権の3％以上	要件なし
株主総会の招集権 297 Ⅰ	総株主の議決権の3％以上	行使前6カ月

Chapter 6
02 株主が負う責任と株主の取扱いに関する原則

> **POINT**
> - 株主は株式会社に出資した以上の責任を負わない
> - 株主は株式の内容及び数において平等に取り扱われる

株主の負う責任

　株主の負う責任についてはどうでしょうか。株主は、引き受けた株式の引受価額を限度とする出資義務を負いますが、株式が成立した時点で履行済みとなります。これは、株主となる前の者の義務であり、株主の株式会社に対する義務は存在せず、権利だけを有することになります。株主が株式会社あるいは債権者に対して負う責任は、株主の保有する株式の引受価額が限度で、超えることはありません。これを株主有限責任の原則といいます。

株式会社による株主の取扱い

　株主平等の原則により、株式会社は株主に対し、株主の保有する株式の内容及び数に応じて平等に取り扱わなければなりません。株式の内容に応じるため、種類株式発行会社［6-03参照］が株式の内容の違いによって異なる取扱いをすることは問題ありません。同様に、保有する株式の数に応じるので、数が多いほど株主総会の議決権は多くなり、受け取れる剰余金の配当も増加します。

　この原則は絶対ではなく、合理的な理由によって一定の区別をすることは禁じられません（株主総会で障害者の株主の席を広くするなど）。株主に対し、株式会社の事業に関連する便益を株主に付与する株主優待制度があります。たとえば、鉄道会社が一定の株式を保有する株主に優待乗車券を付与するなどです。上場会社で多く設けられているこの制度は、株式投資（制度目当ての個人投資家によるもの）の促進という合理的な目的があること、金額も比較的少額で、株主に不測の損害を与えないことなどから株主平等の原則に反しないと考えられています。こういった場合を除き、株主平等の原則に反する定款、株主総会の決議、取締役の業務執行などは無効とされます。

Keyword 　**割合的単位**　全体としての1つの株式会社の持分を細分化し、全体に対する割合を株主の権利の大きさの単位とすること。

◆ 株主が負う責任

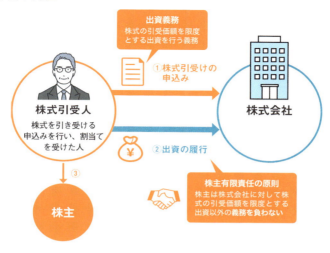

◆ 株主と債権者の違い

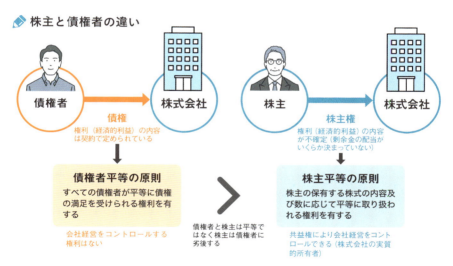

+ONE　各株主の権利の大きさ

株主の地位は、株式という平等に細分化された**割合的単位**の形をとることから、各株主の権利の大きさは基本的に、持株比率（株式会社の発行済株式総数に対する当該株主の保有株式数の割合）という単純な数値で表せます。

Chapter 6 03 内容の異なる株式を発行できる種類株式

> **POINT**
> - 株式会社は、内容の異なる2種類以上の株式を発行できる
> - 種類株式を発行するには、定款において内容の要綱を定める

株式会社から発行される内容の異なる株式

　株主には、株式会社の経営をコントロールすることに意欲をもつ人もいれば、剰余金配当などの経済的利益の獲得が主な目的で、経営にあまり関心がない人もいます。会社法では、株主の多様なニーズに配慮し、株式会社が一定の事項につき、内容の異なる2種類以上の株式（種類株式）を発行することを認めています。種類株式において基準となる株式を普通株式、2種類以上の株式を発行する株式会社を種類株式発行会社といいます。

　具体的には次のような事項について、内容の異なる種類株式を発行できます。

　1つは、剰余金の配当あるいは残余財産の分配について異なる株式を発行できます。これには実務上、優先株式がよく使われます。優先株式と普通株式を発行することで、優先株式は1株につき10円だけ、普通株式に先んじて剰余金配当を受けられるといったものです。もう1つは、株主総会で議決権を行使できる事項が異なる株式を発行できます。特定の決議事項に議決権がない株式（議決権制限株式）、あるいはすべての決議事項に議決権がない株式（無議決権株式）などがあります。

種類株式を発行するための手続

　株式会社が種類株式を発行するためには、発行する株式の内容について、定款で所定の事項を定める必要があります。すなわち、会社設立時にあらかじめ定款に記載するか、会社設立後に種類株式を発行するための定款変更を行います。

　定款には、一定の重要事項を除き、内容の要綱のみを定めます。これは機動的な種類株式の発行を可能にするためで、より具体的な内容は株主総会または取締役会で実際にその種類株式を発行するときまでに定めればよいことになっています。株主保護のため、種類株主総会［6-04参照］の承認が必要になる場合もあります。

種類株式の主なもの 108 Ⅰ

譲渡制限 108 Ⅰ④

譲渡による株式の取得について、株式会社の承認が必要なもの

拒否権 108 Ⅰ⑧

株主総会や取締役会で決議すべき事項について、その決議のほか、種類株主総会【6-04 参照】の決議が必要なもの

＋ONE　種類株式の確認

種類株式は登記されているので 911 Ⅲ⑦ 、ある株式会社が種類株式をもっているかどうか、それがどんな種類株式かは、登記を確認すればわかります。

Chapter 6 04 種類株主を保護するための種類株主総会

> **POINT**
> - 種類株主総会には、任意種類株主総会と法定種類株主総会がある
> - 種類株主に損害を及ぼすおそれがある場合、種類株主総会が開かれる

種類株式を保有する株主による種類株主総会

　株式会社には、議決権を有するすべての株主を構成員とする株主総会がありますが、それと別に種類株主総会が開催されることがあります。これは、ある種類の株式［6-03参照］を保有する種類株主が構成員の会議体です。

　種類株主総会の決議は、定款の定めに基づいて行われる場合（任意種類株主総会）と、種類株主間の利害調整のため、法律の規定に基づいて行われる場合（法定種類株主総会）があります。株式会社は定款により、株主総会や取締役会で決議すべき事項の全部または一部について、その決議に加えて、種類株主総会の決議を必要とする旨の定めのある株式を発行できます。この場合に任意種類株主総会が行われます。

法定種類株主総会が必要とされる事例

　法定種類株主総会は、一定の行為により、ある種類の株式の種類株主に損害を及ぼすおそれがある場合に必要とされます。具体的には、一定の定款変更をする場合、株式の併合・分割、合併をする場合などです。これらの行為は、その種類の株式の種類株主総会の特別決議による承認がなければ、効力は生じません。

　たとえば、「定款を変更して優先株式の優先配当金を削減する」には、定款変更に必要な株主総会の特別決議に加え、その優先株式の種類株主総会の特別決議が必要です。もっとも、定款で法定種類株主総会の決議を要しない旨も定められます。この場合、その種類の株式の種類株主には株式買取請求権［6-08参照］が認められます。

　さらに発行済株式について、その権利の内容に特に重大な変更を加える場合、特別の規制が存在します（右ページ下図）。たとえば、ある種類の株式に譲渡制限を設ける場合には、その種類株主総会の特殊の決議が必要であり、反対株主には株式買取請求権が生じます。

◆ 2つの種類株主総会

種類株主総会

種類株主 種類株主 種類株主
ある種類の株式を保有する種類株主を構成員とする会議体

任意種類株主総会
定款の定めによる

定款により、当該種類の株式の種類株主総会の決議を必要とする旨の定めがある場合

例
譲渡制限のある種類の株式に関する譲渡（取得）の承認など

法定種類株主総会
種類株主に損害を及ぼすおそれがある行為

一定の行為により、ある種類の株式の種類株主に損害を及ぼすおそれがある場合

例外
定款で決議不要と定められる `322 Ⅱ`
この場合、当該種類株主に株式買取請求権がある `116 Ⅰ③`

ただし、次の定款変更をする場合、決議不要にできない `322 Ⅲただし書` `322 Ⅰ①`
・株式の種類の追加
・株式の内容の変更
・発行可能株式総数または発行可能種類株式総数の増加

◆ 一定の重大な変更についての特別な規制

ある種類の株式に譲渡制限を付すとき `108 Ⅰ④`	当該種類の株式の種類株主総会の特殊の決議 `324 Ⅲの決議` ＋ 反対株主の株式買取請求権 `116 Ⅰ②`
ある種類の株式に全部取得条項を付すとき `108 Ⅰ⑦`	当該種類の株式の種類株主総会の特別決議 `324 Ⅱの決議` ＋ 反対株主の株式買取請求権 `116 Ⅰ②`
ある種類の株式に取得条項を付すとき `108 Ⅰ⑥`	当該種類の種類株主全員の同意

Chapter 6 05 株主の権利行使に関する利益供与の禁止

> **POINT**
> - 株式会社は、何人も株主の権利に関して利益を供与してはならない
> - 利益供与の禁止に違反した取締役には刑事罰も課される

総会屋などに対する利益供与の禁止

上場会社の株式を取得してその会社に金銭などの利益を要求し、その要求が受け入れられなければ株主総会で威圧的な発言などをして妨害する者を総会屋といいます。会社法では総会屋の根絶を目的として、利益供与の禁止を定めています。

利益供与の禁止の対象は総会屋だけに限りません。会社法において、株式会社は何人（株主に限らず）に対しても、株主の権利の行使に関し、その会社やその子会社の計算において財産上の利益を供与してはなりません。たとえば、株主が議決権を行使する対価として株式会社が株主に金銭などを与える行為は禁止されています。株主の権利の行使を経営陣に都合よく操作する目的で会社財産が浪費されることを防止し、会社経営の公正性・健全性を確保することが趣旨の規定です。

利益供与禁止の要件と違反の影響

株式会社が特定の株主に対し、無償または著しく少ない対価で利益供与をしたときも、株主の権利の行使に関して利益供与をしたと推定されます。

なお、株主総会に出席した株主にお土産を渡すことは、形式的には株主の権利（株主総会への出席権）の行使に関する利益供与といえますが、お土産が社会通念上相当な額にとどまる限り社会的儀礼の範囲であり、利益供与の禁止に該当しないと解釈されます。

利益供与の禁止に違反して供与を受けた者は、その利益を会社や子会社に返還しなければなりません。また、利益供与に関与した取締役や執行役は株式会社に対し、連帯して供与した利益額を支払う義務を負います。ただし、職務執行に注意を怠らなかったことを証明した場合は責任を負いません。利益供与をした者及び事情を知ってその利益の供与を受けた者には3年以下の拘禁刑または300万円以下の罰金などの刑事罰が科されます。

利益供与の禁止に違反した場合の責任

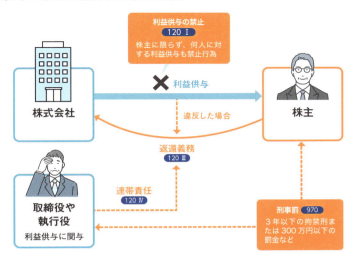

会社法の定める総会屋対策

一般的な対策

利益供与の禁止

株式会社に何人に対しても、株主の権利の行使に関し、当該会社やその子会社の計算において財産上の利益を供与してはならない

株主総会に関する対策

議長による秩序維持

議長は総会の秩序を維持し、議事を整理すべきこと、及びその命令に従わない者その他総会の秩序を乱す者を退場させることができる
315　325

株主への担保提供命令

総会決議の内容または手続が違法な場合、総会決議取消訴訟などで悪意のある原告株主に相当の担保を立てることを命令できる
836 Ⅰ Ⅲ

いやがらせ目的の訴え

+ONE　違法な利益供与の推定

株式会社が特定の株主に対し、自己（またはその子会社）の計算で財産上の利益を無償（または有償）で供与した場合、自己（またはその子会社）の受けた利益が供与した利益に比べて著しく少ない場合（株式会社が総会屋の出版物を不当に高価な値段で購入した場合など）には、株主の権利の行使に関して利益供与したものと推定されます　120 Ⅱ 。

Chapter 6 株券の用途と必要性

> **POINT**
> - 株券は、株主の権利が付与された有価証券である
> - 株券は管理や保管に手間がかかり、必ずしも発行しなくてよい

株券の定義や用途、表示内容

株券とは、株主としての地位を表すための有価証券のことです。

株券には、株券の表示のほか、株式会社の商号、その株券にかかる株式の数（一般的に定款の定めにより「千株券」「百株券」などの種類が記載される）、株券番号などが記載され、代表取締役が記名押印をしています。

株券の発行の必要性

株券の発行には費用がかかり、保管・管理も負担になります。会社法の制定前は、定款で株券の不発行を定めない限り発行が必要でした。現在では逆に、定款で発行を定めない限り発行の必要はありません。上場会社では株券を発行していませんが、会社法施行時に存続していた株式会社では、定款で不発行を定めなければ、株券を発行する旨の定款の定めがあるとみなされます。

株券を発行する株券発行会社では、株式の発行日以後、遅滞なく株券を発行しなければなりません。ただし、①全株式の譲渡制限を設けている非公開会社の株券発行会社で、株主から株券発行の請求がない場合、②株主が株券不所持の申し出をした場合などには、株券を発行しなくてもかまいません。

株券発行会社では、株券が発行されていなくても、株主が株式を譲渡する際には譲渡人から譲受人へ株券を交付する必要があり、株式会社に株券の発行を請求しなければなりません。株式の譲渡においては、当事者間では株券の交付でその効力が発生します。ただし、株券の発行・不発行にかかわらず、株式会社に対しては通常、株主名簿［6-09参照］の名義書換えをしないと株主としての権利を主張できません（株式譲渡の方法については6-11参照）。

株式会社に株券の発行を請求しても、不当に拒絶される場合、株主は意思表示のみで株式を譲渡できます。株式会社は株券の不発行を理由に譲渡の効力を否定できないと考えられています。

株式の発行と株券の発行

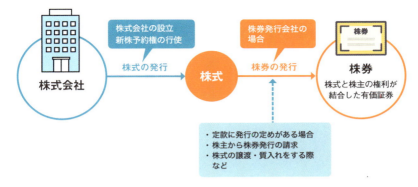

会社法施行前後での株券発行の必要性

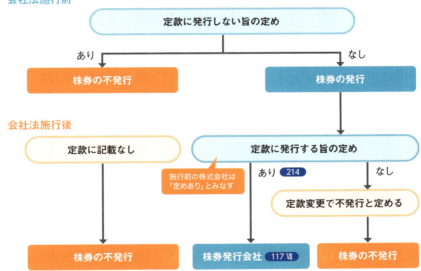

> **＋ONE　株券不所持制度**
>
> 株主は、紛失や盗難などのリスクを回避するため、株式会社に対して株券の不所持を申し出ることができます。その際、株式会社はその株主の請求があるまで株券を発行しなくてかまいません。これを株券不所持制度といいます 217 。

Chapter 6
07 振替機関などが株式を管理する株式等振替制度

> **POINT**
> - 上場会社の株式は、株式等振替制度で管理されている
> - 振替株式は、振替機関などを通じて譲渡や名義書換えが行われる

振替機関などにより株式を管理する制度

　株券の不発行については株式等振替制度が設けられています。この制度は振替法（社債、株式等の振替に関する法律）により、上場会社の株券を廃止し、株券を前提とした株主の権利の管理（発生、移転及び消滅）を、振替機関（証券保管振替機構〈ほふり〉）及び口座管理機関（証券会社など）に開設した口座で電子的に行うものです。

　この制度では、株券不発行会社の株式全部について、その権利関係を振替機関または口座管理機関が備える振替口座簿に記載します。そのうえで、その権利の帰属は振替口座簿の記載によって定まり、振替株式の譲渡などは振替口座簿の口座の記載（振替）によってなされます。株主名簿［6-09参照］への記載は振替機関などからの通知に基づいて行われます。

　振替機関が取り扱う株式を振替株式といいます。振替株式を取引しようとする者は、振替機関または口座管理機関に口座を開設する必要があり、口座開設者を加入者といいます。

振替株式の譲渡と権利行使の方法

　具体的な譲渡と権利行使の流れを見ていきましょう（右ページ図）。①加入者AがBに甲社の振替株式100株を売却する場合、②Aは口座開設をした機関Pに振替申請をし、PはAの口座の甲社株式100株の減少を記録します。そしてその振替はP→X→R→Qの順に通知され、最終的に機関QのBの口座に甲社株式100株の増加が記録され、譲渡の効力が生じます。

　振替株式は、譲渡のたびに株主名簿の名義書換えが行われるのではなく、株式会社は機関による通知に基づいて処理します。たとえば、株式会社が基準日［6-09参照］を定めたときは、機関は株式会社に総株主通知（右ページ下図）をします。株式会社は通知事項を株主名簿に記録し、これによって基準日に名義書換えがなされ、譲受人は株主の権利を行使できるようになります。

振替株式の譲渡の流れの例

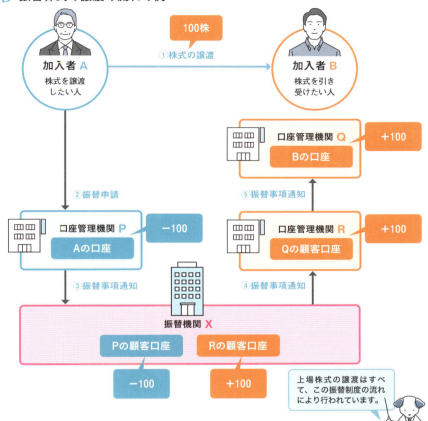

振替機関による通知の種類

	通知の内容	通知の効果
総株主通知 振替法151 Ⅰ	株式会社が基準日などを定めたとき、その日の振替口座簿に記載された株主などの情報を株式会社に通知する	記載された日に株主名簿[6-09 参照]の名義書換えがされたとみなされ、株主の権利行使がなされる
個別株主通知 振替法154 Ⅲ〜Ⅴ	株主が少数株主権[6-01 参照]などを行使しようとするとき、口座振替機関を通じて振替機関に申し出ることで、保有する振替株式の種類や数などの情報を株式会社に通知する	当該株主は株主名簿の記録などにかかわらず、通知後4週間以内に少数株主権などを行使する

Chapter 6 08 反対株主に認められる株式買取請求権

> **POINT**
> - 株主には、株式会社への株式買取の請求が認められる場合がある
> - 買取価格の協議が調わない場合、裁判所が決定する

株式会社に株式買取を求める株式買取請求権

　株主は、特定の場合、保有する株式を公正な価格で買い取ることを株式会社に請求できます。これを株式買取請求権といい、大きく分けて、①株式会社が株主の利益に重大な影響を及ぼす行為をする場合に反対株主に認められるもの、②単元未満株主［6-17参照］に認められるものがあります。

　①の行為には、次のようなものがあります。株式の譲渡制限をする、株式併合［6-15参照］をする（併合で端数となる株式の株主のみ）、事業譲渡などをする、組織再編（合併、会社分割、株式交換、株式移転、株式交付）をするなどです。たとえば、全発行株式の内容に譲渡制限を設けるよう定款を変更するとなると、株主は株式を譲渡して出資したお金（投下資本）を回収することが困難になります。その場合、株主は投下資本を回収するため、株式会社に株式買取請求ができるのです。

反対株主の株式買取請求の手続

　株式買取請求の手続は、基本的に同じです。ここでは株式の譲渡制限をする例で説明します。

　全発行株式に譲渡制限を設けるという定款変更を議案とする株主総会に先立ち、議決権を有する反対株主は、その決議に反対する旨を株式会社に通知します。かつその総会において、決議反対の議決権を行使します。

　それでも株式会社が定款を変更する場合、株式会社は定款変更の効力発生日の20日前までに、それぞれの株主に定款変更の通知・公告をします。

　それに対し、反対株主は株式買取請求権を行使できます。反対株主は、効力発生日の20日前から前日までの間に、買取請求をする株式の数を明らかにします。買い取る株式の価格は原則、株主と株式会社との協議で決めますが、協議が調わない場合は、一定期間内の株主または株式会社の申立てにより、裁判所が価格を決定します。

◆ 株式買取請求権の行使の手続の流れ

株式の譲渡制限をするための定款変更の例

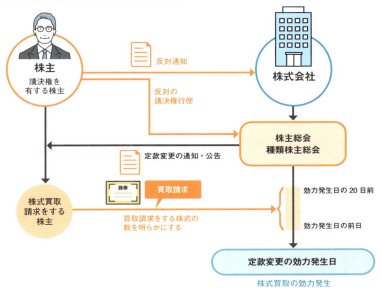

◆ 買取価格の決定の流れ

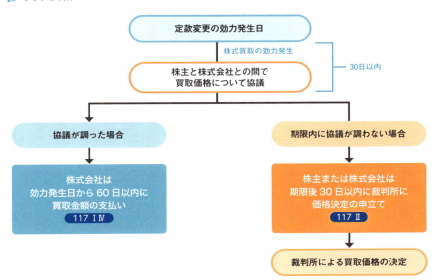

Chapter 6
09 株式の名義を記録する株主名簿

> **POINT**
> - 株式の移転の際には、株主名簿の名義を変更する必要がある
> - 株主総会の議決権を行使できるのは、基準日現在の株主

株式移転などでは株主名簿の名義書換えが必要

　株主名簿とは、株主とその保有株などの情報を記載・記録するための帳簿で、株式会社に作成が義務付けられています。振替株式［6-07参照］以外は、譲渡や相続などで株式の移転があっても、株主名簿の名義書換えがされていないと、株式の取得者は権利を行使できません。株式会社が移転を知っていても、書換え完了までは株主名簿上の名義を株主として取り扱います。

　株券不発行会社で振替株式以外の場合、株式の譲渡などは当事者間の意思表示によって効力が発生しますが、株式会社や第三者にそれを主張する（対抗要件）には株主名簿の名義書換えが必要です。

　名義書換えの手続は、①振替株式の場合、株式会社が振替機関から総株主通知を受けた際に行われます。②株券発行会社の株式の場合、株券占有者が株式会社に株券を提示して行います。③株券不発行会社の株式の場合、原則として株主名簿上の株主と取得者が共同で株式会社に請求します。

基準日により株主を確定する制度

　株式が市場に流通して頻繁に譲渡などが行われると、誰が株主名簿上の株主かを確定するだけでも時間がかかります。そこで株式会社は、一定の基準日の時点の株主名簿上の株主（基準日株主）を、権利行使（議決権行使、配当受領など）ができる者と定めることができます。この基準日は、権利行使日の前3カ月以内の日でなければなりません。たとえば、決算期の株主を確定し、その者に定時株主総会で権利行使をさせるためには、基準日（決算期）から3カ月以内に総会を開催しなければなりません。

　株式会社は基準日の2週間前までに、基準日と基準日株主が行使できる権利内容を公告しなければなりません（定款に定められている場合は除く）。名義書換えが完了していない株式の取得者の書換えの機会を保障するためです。

🔖 株主名簿の意味と名義書換えの手続

譲渡などの効力と株式名簿との関係

	譲渡などの効力の発生要件	株主名簿との関係
振替株式 [6-07参照]	振替口座簿の株式譲受人などの口座に保有株式数などの増加を記載・記録する	株主名簿の名義を書き換えることで、譲受人の株式会社への当該移転の対抗要件となる
当事者間の意思表示	譲渡人と譲受人が譲渡と譲受けの意思表示をして合致する	株主名簿の名義を書き換えることで、株式会社への当該移転の対抗要件となる 130① 133 147Ⅰ 148
株券発行会社の株式	株券の交付	株主名簿の名義を書き換えることで、株式会社への当該移転の対抗要件となる 130Ⅱ

名義書換えの手続

① 振替株式
株式会社が振替機関からその時点の株主(基準日株主)を確定するための総株主通知を受ける

② 株券発行会社の株式
株券占有者が株式会社に対し株券を提示して行う 133Ⅱ

- 株券占有者は適法な所持人と推定される 131Ⅰ
- 名義書換えの請求者が無権利者でも、株式会社は悪意・重過失がない限り責任を問われない

③ 株券発行会社でない振替株式以外の株式

原則
株主名簿上の株主と株式取得者が共同して請求 133Ⅱ

例外
① 取得者の請求で名義書換えをしても利益を害するおそれがない 133Ⅱ
　会社法施行規則 22Ⅰ
② 株式会社が自己株式を取得・処分した場合
　132Ⅰ②③

🔖 基準日の設定方法

剰余金の配当を受領する場合など

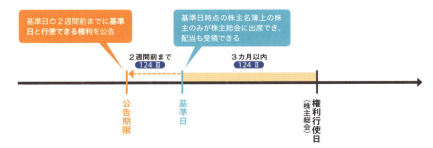

Chapter 6

10 株式を評価する手法

> **POINT**
> - 非上場会社の株式を評価する手法には複数のものがある
> - 株式の評価手法として最も合理的なものがDCF法

株式の価値の評価が必要になる場合

株式には、次のような場面で裁判所の評価が必要になることがあります。①譲渡制限株式［6-12参照］の売買価格の決定、②反対株主の株式買取請求権［6-08参照］の行使による買取価格の決定、③新規発行または自己株式の処分で募集株式が有利発行かどうかが問題になる場合などです。株式の相続による相続税の申告の際にも、株式の評価は必要になります。

上場会社では、株式の評価はその株式の市場価格に従って裁判所が評価することになります。これに対し、非上場会社では、その株式のほとんどに市場価格がなく、どのように株式を評価するかが問題となります。

株式を評価する具体的な手法

非上場会社の株式の評価方法には、DCF法、配当還元法、収益還元法、類似会社比準法などがあります。

DCF法は、株式会社が将来得る利益を推定し、そこから投資リスクを加味した割引率で割り引いて当該会社の現在価値を求め、さらに株式会社の負債額を差し引いて株主価値を求める手法です。これを発行済株式総数で割れば、1株当たりの価値が得られます。

配当還元法は、株主に将来支払われる配当額を推定し、そこから株式投資のリスクを反映した割引率で割り引いて1株当たりの価値を算出します。

収益還元法は、株式会社の1株当たりの利益を、一定の資本還元率で除すことで、1株当たりの価値を算出します（DCF法の簡略版）。

類似会社比準法は、評価対象会社と事業内容などで類似する上場会社の株式を基準にします。その市場価格が当該上場会社の1株当たり純利益や純資産額といった会計上の数値の何倍程度であるかを調べ、株式の価値を推定する手法です。純資産額法は、評価対象会社の1株当たりの純資産額（保有資産から負債を引いた額）をもって株式の価値とするものです。

📝 株式の評価が必要になる場合

① 譲渡制限株式の売買価格の決定
譲渡制限株式の売買価格を決定する場合 `144`

② 株式買取請求権の行使による買取価格の決定
反対株主の株式買取請求権の行使に伴い、株式の買取価格を決定する場合 `117` `786` `798`

③ 募集株式の発行が有利発行かどうか
募集株式の発行などについて有利発行 `199 Ⅲ` `212` かどうかが問題となる場合

引受者に有利な価額ではないか

▼

裁判所による株式の価値の評価が必要

📝 代表的な株式の価値の評価手法

インカム・アプローチ（収益方式） ▶ 将来の利益（収益）で評価する手法

DCF法
株式会社が将来得る利益を推定し、そこからリスクの割引や負債額の差引などを行って算出

配当還元法
株主に将来支払われる配当額を推定し、そこからリスクの割引などを行って算出

収益還元法
将来の1株当たりの利益を、現在価値に修正して算出（DCF法の簡略版）

など

マーケット・アプローチ（比準方式） ▶ 類似する会社と価値を比較する手法

取引事例法
当該上場会社の株式の過去の市場価格をもとに現在の価値を算出

類似会社比準法
類似上場会社の株式の市場価格が、当該上場会社の何倍程度かで株式の価値を算出

など

コスト・アプローチ（純資産方式） ▶ 純資産で評価する手法

簿価純資産額法
当該上場会社の会計上の帳簿価格で資産額から負債額を差し引いて株式の価値を算出

時価純資産額法
当該上場会社の資産の時価総額から負債の時価総額を差し引いて株式の価値を算出

など

Chapter 6
11 株式の譲渡や質入れ

> **POINT**
> - 株主は原則として株式を自由に譲渡できる
> - 株式の譲渡の方法は、株券発行の有無によって変わる

株式会社の財産的基盤と株主の資本を守る原則

株主は株式会社の存続中、原則として株式会社に対して出資の返還を求めることはできません。例外は、**株式買取請求権**［6-08参照］を行使できる場合と、**取得請求権付株式**の株主として取得請求権を行使できる場合に限られます。

株主が投下した資本を回収するためには、**株式を売る**しかありません。そこで株主には、保有する株式を譲渡することが認められています（**株式譲渡自由の原則**）。こうして、株式会社の財産的基盤を確保するのと同時に、株主に投下資本の回収を保障しています。

株主は、株式を質入れ、あるいは**譲渡担保**を設定する（担保化）こともできます。株式譲渡自由の原則には、①法律による制限、②定款による制限［6-12参照］、③株主間の契約による制限の3つがあります（右ページ上図）。

株式の譲渡・質入れの方法

株式の譲渡・質入れには、次の3つの方法があります。まず、❶振替法に基づく方法（**株式等振替制度**［6-07参照］）です。この場合、譲渡人である加入者の振替申請により、譲受人が自己の口座の保有欄に増加の記載・記録を受けることで、譲渡の効力が発生します。

❷株券不発行会社の株式で、振替制度の対象とならないものは、**当事者間の意思表示**により移転の効力が発生します。株式会社または第三者に権利を優先的に主張するためには、株主名簿の名義書換えが必要です［6-09参照］。

❸株券発行会社［6-06参照］では、株券を交付して譲渡・質入れをします。これは有価証券である株券を使い、権利移転の明確化を図る方法です。第三者には対抗できますが、株式会社に株主の権利を行使するには、株主名簿の名義書換えが必要です。株券が発行されていない場合、株主は株式会社に株券の発行を請求する必要があります。

> **Keyword** **譲渡担保** 債権者が債務者にもつ債権を担保するため、物の所有者や権利者が所有権または権利を債権者に移転すること。

株式の自由譲渡性とその制限

株式譲渡自由の制限

① 法律による制限

会社法
- 会社成立前または新株発行前の株式引受人の地位（権利株）の譲渡は、当事者間では有効であるが、株式会社に主張できない　35　63 Ⅱ　208 Ⅳ
- 株券発行会社では、発行前の株式の譲渡も株式会社に主張できない　128 Ⅱ
- 小会社は親会社の株式を取得することは原則禁止　135 Ⅰ

そのほかの法律
- 独占禁止法
- 外国為替及び外国貿易法
- 日刊新聞紙の発行を目的とする株式会社の株式の譲渡の制限等に関する法律

② 定款による制限
- 定款で、すべての株式または一部の種類の株式の譲渡について会社の承認を要することを定められる　107 Ⅰ ①　107 Ⅱ ①　108 Ⅰ ④

③ 契約による制限
- 株主間契約などで、他方当事者の承認なしに株式を譲渡することを禁じる旨を定める（同意条項）
- 株主間契約などで、一方当事者が株式を処分しようとする場合は他方当事者に事前の通知義務を負い、通知を受けた当事者が先買権を有する旨を定める（先買権条項）

株式の譲渡の方法

方法	譲渡の効力発生の要件	第三者への対抗要件	株式会社への対抗要件
❶ 振替株式	当事者間の意思表示　振替口座簿の記載・記録の書換え	振替口座簿の記載・記録の書換え	総株主通知　株主名簿の名義書換え
❷ 株券不発行会社で振替株式以外の株式	当事者間の意思表示	株主名簿の名義書換え	株主名簿の名義書換え
❸ 株券発行会社の株式	当事者間の意思表示　株券の交付	株券の保有	株主名簿の名義書換え

Chapter 6
12 定款による株式の譲渡制限

> **POINT**
> - 多くの中小企業は、定款により株式の譲渡を制限している
> - 譲渡制限株式を処分するための特別な手続がある

取締役会や株主総会の承認が必要な譲渡制限

　株式は原則、自由に譲渡できますが、なかには株主間の信頼関係を重視し、好ましくない人が株主になるリスクを排除したいと考える株式会社もあります。そこで会社法では、株式の譲渡に株式会社の承認を要する旨を定款に定めることを認めています。これは非上場会社では広く行われており、そのような株式を譲渡制限株式といいます。

　譲渡制限株式を譲渡する場合は、取締役会設置会社では取締役会、取締役会非設置会社では株主総会の承認が必要になります。

　会社法では、譲渡制限株式を処分したいときの譲渡先として、所有する株主が譲渡したい譲渡先か、株式会社自身か、または株式会社の指定した買取人かの3つの対象を設けています。

譲渡制限株式の譲渡の流れ

　譲渡制限株式を譲渡する手続としては、まず譲渡したい株主は株式会社に対し、譲渡を承認するか否かの決定を請求（譲渡等承認請求）します。取得者も譲渡等承認請求ができます。この請求を行う者を譲渡等承認請求者といい、株式会社か株式会社の指定する買取人がその株式を買い取ることも併せて請求（買取先指定請求）できます。

　次に、譲渡等承認請求を受けた株式会社は、取締役会などで承認の可否を決定し、決定内容を譲渡等承認請求者に通知します。2週間以内に通知しないと、承認したものとみなされます。株式会社が拒絶し、かつ譲渡等承認請求者が買取先指定請求をしていた場合、株式会社は買取先を指定し、株式会社または指定買取人が買い取る旨を通知すると、株式会社または指定買取人と譲渡等承認請求者との間で売買契約が成立します。

　売買価格は、両当事者の協議で決めますが、協議が調わないときは、申立てにより裁判所が決定します。申立てがなければ1株当たりの純資産額に買取の数を乗じた額になります。

譲渡制限株式の譲渡の手続の流れ

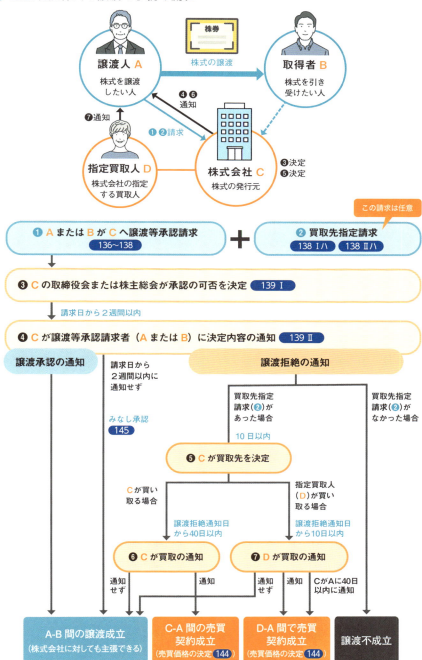

Chapter 6 13 株式会社が自ら発行した自己株式の取得

> **POINT**
> - 自ら発行した自己株式の取得には弊害があり、規制されている
> - 株主から自己株式を取得するには、株主総会の特別決議が必要

自ら発行した株式を取得する方法

　株式会社は、自ら発行した株式を株主から取得することもできます。この方法で株式会社が取得した株式を<u>自己株式</u>といいます。

　株式会社が株主との合意により、自己株式を有償で取得することは、次のような弊害を生むおそれがあります。
①株主への<u>出資払戻し</u>と同様の結果となり、債権者の利益を害する
②流通性の低い株式を一部株主から取得すると<u>株主間の公平</u>を損なう
③経営者の会社支配に悪用される
④相場操縦やインサイダー取引などに利用される

　このため以前は、自己株式の取得は原則禁止されていました。しかし、緩和を求める声を受けて段階的に法改正がなされ、現在は株式会社が株主との合意で自己株式を取得すること、及び取得した株式を保有することを原則自由としています。一方、<u>弊害防止のための規制</u>が設けられています。

株主との合意による自己株式の取得

　株式会社が自己株式を取得することは、剰余金の配当と同じく、株主に対する<u>財産分配の一形態</u>といえます。そのため、原則として株主総会の決議で、次の事項を定める必要があります。
・取得する株式の種類と数
・取得と引換えに交付する金銭などの内容・総額
・株式を取得できる期間（１年以内）
　自己株式の取得は、次の方法に限られます。①市場取引、②<u>公開買付け</u>（TOB）[8-03参照]、③株主全員に譲渡の勧誘をする方法、④株主総会で決議した特定の株主から取得する方法の４つです。

　④の場合、特定の株主が不当に優遇されることを防ぐため、特に<u>厳重な規制</u>が設けられています。具体的には、株式会社が自己株式の取得枠を決める際、特定の株主から株式を取得することを<u>特別決議</u>によって定める必要があります。

🔖 自己株式を取得する際の決議機関と決議事項

取得の例	決議機関	決議事項
原則 `156 ⅠⅡ`	株主総会	❶ 取得する株式の種類と数 ❷ 取得と引換えに交付する金銭（株式は不可）などの内容・総額 ❸ 株式を取得できる期間（1年を超えてはならない）
※会計監査人設置会社で、取締役の任期を選任後1年以内の最終決算期に関する定時株主総会終結時までとするもの `459 Ⅰ①`	定款により取締役会	
特定の株主から取得する場合 `160 Ⅰ` `309 Ⅱ②`	株主総会の特別決議	上記❶〜❸ ❹ 株主の氏名（名称）
取締役会設置会社が市場で行う取引、または金融商品取引法上の公開買付けの方法により取得する場合 `165 ⅡⅢ`	定款により取締役会	上記❶〜❸

🔖 株式会社が自己株式を取得する方法

① 市場取引

上場株式を金融商品取引所との取引、または有価証券の株式を金融商品取引業者を通じて取得 `165 Ⅰ`

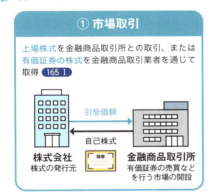

② 公開買付け（TOB）

不特定多数の人に、株券などの買付けの申込みまたは売付けの申込みの勧誘などを公告で示し、取引所外で買付けなどを行う

③ 株主全員に譲渡の勧誘

株主全員に対して自己株式を取得するための譲渡の勧誘を行う `157 以下`

④ 特定の株主から取得

株主総会の特別決議により定められた特定の株主から取得する `160`

Chapter 6
14 自己株式の法的な特徴

> **POINT**
> - 自己株式には、議決権その他の共益権がない
> - 自己株式を処分するには、株式の発行と同様の規制がある

自己株式に設けられている制限と株式の取扱い

　株式会社は取得した自己株式［6-13参照］を保有し続けることができます。株式会社が保有する自己株式は金庫株とも呼ばれます。ただし、その権利行使には次のような制限があります。

　自己株式は、議決権その他の共益権［6-01参照］を行使できません。これは会社支配の公正性を維持するためです。自益権では、剰余金の配当を受ける権利がなく、株主に募集株式を割り当てる際［7-15参照］、自己株式に対して割り当てることはできません。

　自己株式の取得の際、株主に交付した金銭などの帳簿価額相当額は、貸借対照表では純資産の部（株主資本）から控除されます。また保有する自己株式は、資産の部に計上されません。これは自己株式の取得が財産分配の一形態であること、会社清算時まで自己株式の保有が可能（清算時には無価値な資産）なことから、社外に流出したものと見ざるを得ないためです。

自己株式の消却と処分の方法

　株式会社は特定の株式を消滅させることができ、これを株式の消却といいます。消却の結果、発行した株式の総数が減る点は株式併合［6-15参照］と同様ですが、併合は全株式に一律に行われるのに対し、消却は特定の株式のみに行われます。

　株式会社は自己株式を消却できます。消却した株式数だけ株式会社が新たに発行できる株式数が増加します。消却するには、消却する自己株式の種類と数を決定する必要があります。自己株式の消却を決議した場合、株式会社は遅滞なく株式失効の手続をしなければなりません。

　株式会社が自己株式を処分する（譲り渡す）には、法律で別の処分方法を認める場合を除き、株式の発行と同じ募集手続［7-14参照］を経て行います。株式の発行には一定の手続が課されていますが、自己株式の処分がその抜け道になることを防ぐためです。

自己株式の消却の手続

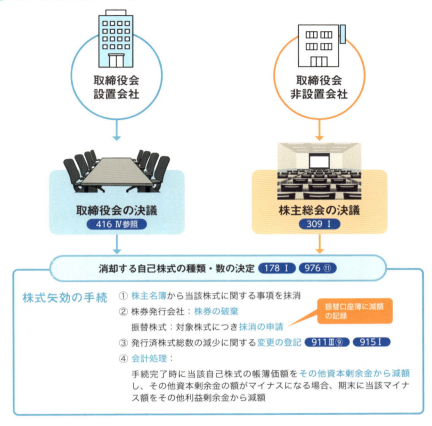

違法な自己株式の処分における株主の権利

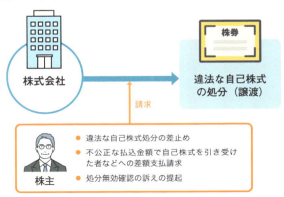

Chapter 6
15 株式の数を減らす株式併合

> **POINT**
> - 株式併合は、少数派株主にとって不利益となる
> - 株式を併合するためには、株主総会の特別決議が必要

株式をまとめて数を減らす株式併合

　株式会社は数個の株式（たとえば10株）を、少ない株式（たとえば1株）にまとめることができます。これを株式併合といいます。株式併合は、各株主が保有する株式の数を一律かつ案分比例的に減少させます。株式会社の財産・資本金の額には変動を生じさせません。

　大規模な株式併合を行うと、多くの株主の保有する株式が1株未満の端数になります。これにより、株式会社が1株未満の株式を買い取り、その対価を支払って少数派株主を退出させるキャッシュアウトの手段として用いることができます。乱用すると不利益を受ける株主が出るため、次のような規制が設けられています。①株式併合により端数となる株式の株主は、株式会社に対し、自己の保有する株式を公正な価格で買い取ることを請求できます。②株式併合が法令または定款に違反し、株主が不利益を受けるおそれがある場合、株主は株式会社に対し、株式併合の差止めを請求できます。

株式併合の手続

　株式併合は、株主の利害に重大な影響を与えるため、株主総会の特別決議が必要です。そこで取締役が株主に理由を説明する必要があり、併合の割合や効力発生日などを決定します。

　株式会社は株主に対し、効力発生日の2週間前までに株式併合に関する株主総会の決議事項を通知または公告しなければなりません。株式併合に関する情報を開示し、必要に応じて株主が保有する端数の株式の買取請求や差止請求を行う機会を与えるためです。

　株式併合は、株式会社の定めた効力発生日に効力を生じます。株式併合により発行済株式総数は減少します。そして、発行可能株式総数については、株主総会の決議に従い、定款を変更したものとみなされます。

株式併合の手続

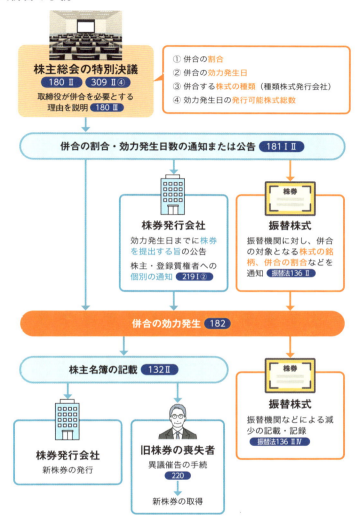

+ONE 反対株主の株式買取請求権

株式併合により1株未満の端数の株式が生ずる場合、反対株主は株式会社に対し、効力発生日の20日前から効力発生日の前日まで、1株に満たない端数となる株式の全部を公正な価格で買い取ることを請求できます [6-08参照]。

Chapter 6
16 株式の数を増やす 株式の分割と無償割当て

> **POINT**
> - 株式を複数に分ける株式分割には、株主総会の特別決議は必要ない
> - 株式分割と株式無償割当てでは、1株の実質的価値はほぼ同じ

株式を分けて数を増やす株式分割

　株式併合の逆に、発行済株式を細分化（たとえば1株を10株に）する株式分割もできます。各株主が保有する株式の数を一律かつ案分比例的に増加させる行為で、株式会社の財産に変動を生じさせません。ただし、10株を11株に分割すれば、1株の実質的経済価値は約90.9％に下落することになります。しかし、上場会社の株式のように市場価格があるもので、株式分割をしても1株当たり当期純利益の額・配当金額などを従来どおり維持できる会社であると証券市場が理解していれば、多くの場合1株の価格はさほど下落しません。すると、分割により株主は実質的に利益を得ることになります。上場会社でなければ、このような利益が生ずる余地はないので、分割を行う必要性はあまりありません。

　株式分割を行うには、分割の割合、基準日及び効力発生日などの事項を、取締役会設置会社では取締役会の決議、取締役会非設置会社では株主総会の普通決議で決める必要があります。

株式を株主に無償で交付する無償割当て

　株式の数を増やす行為には、株式無償割当てもあります。これは株式会社が株主に対し、保有する株式の数に応じて、その会社の株式を無償で交付する行為です。たとえば、株主の保有する株式1株につき0.5株を無償で交付するなどです。これは、既存の株式1株を1.5株にする株式分割と実質的に同じです。

　種類株式発行会社が無償割当てをする場合、各株主が保有していた種類株式と異なるものを割り当てることが可能です。また、自己株式は無償割当てを受けません。一方、株式分割では、各株主の保有する株式の種類は従前と同じで、自己株式も分割されます。

　無償割当ての手続は株式分割とほぼ同様です。株主は効力発生日に、割当てを受けた株式の株主になります。

株式分割と株式無償割当ての違い

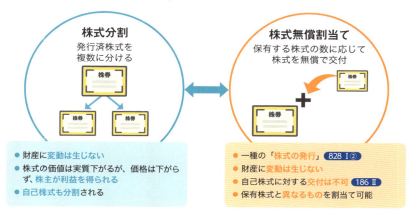

株式分割と株式無償割当ての手続

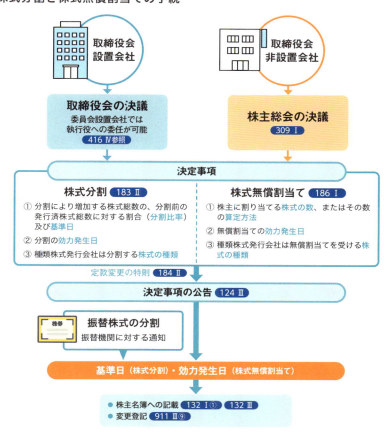

Chapter 6 17 保有する株式の数で権利を認める単元株制度

> **POINT**
> - 単元株制度により、株主管理コストを削減できる
> - 単元未満株主に議決権はないが、一定の自益権が認められている

一定の数の株式に議決権を認める単元株制度

　株式会社は定款により、一定の数の株式にのみ議決権を認めるよう、定めることができます。具体的には、一定の数の株式を1単元と定め、1単元につき1個の議決権を認め、単元未満には認めない制度（単元株制度）です。通常は100株を1単元と定めます。

　この制度は、少額出資者の権利を制限し、株主管理コストを削減することが目的です。たとえば、単元未満株主には議決権がないため、株主総会の招集通知を送る必要がありません。

　株式会社が出資単位を大きくしたい場合、株式併合［6-15参照］の手段もあります。しかし、併合では1株未満の株式が多く出て、それを株式会社が買い取り、1株にまとめて売ることになります。すると、株価の下落などが懸念されるため、単元株制度を利用するのが有効です。多くは上場会社で利用され、上場会社でない中小会社では、利用する意味がほとんどありません。

単元未満株主が有する権利

　単元株制度では、1単元につき1個の議決権を認める「一単元一議決権」となります。単元未満株主には、株主総会に出席して質問する権利はなく、議決権を前提とした株主提案権［3-07参照］もありません。そのほかの権利は有しますが、定款で制限できます。

　単元未満株主は、経済的利益を受ける権利は最低限もっています。残余財産の分配請求権や剰余金の配当請求権など、一定の自益権［6-01参照］は定款の定めでも排除できません。また、単元未満株式の譲渡は困難なおそれがあるため、単元未満株主は株式会社に対し、単元未満株式の買取請求ができます。上場株式のように、株式に市場株価があるときは、それを基準に買取価格が決まります。そうでないときは当事者間の協議で買取価格が決められ、協議が調わないときは申立てにより裁判所が決定します。一方、定款の定めで売渡請求もできます。

単元株制度 188 I のイメージ

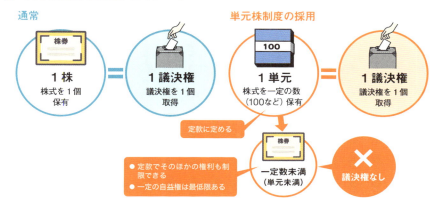

単元未満株主と株式会社間の株式の買取と売渡し

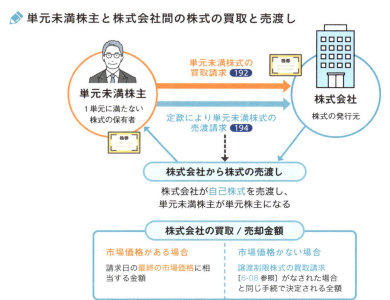

＋ONE 単元未満株式の売渡請求

単元未満株主が単元株主になれるよう、定款の定めにより、当該株主の保有する株式の数から不足している分の株式を売り渡すことを株式会社に請求できる制度があります。これを単元未満株式の売渡請求 194 といいます。売渡価格の決定方法は買取請求の場合と同じです。

COLUMN 6

インサイダー取引の禁止

インサイダー取引への刑事罰

　2024年、金融庁に出向中の裁判官が「インサイダー取引」をした疑いにより、証券取引等監視委員会の強制調査を受けたことが報道されました。インサイダー取引とは、会社関係者がその地位または職務によって知り得た会社内部の重要情報が未公表であることを利用して有価証券の売買などの取引を行うことをいい、「内部者取引」ともいいます。インサイダー取引が行われると、金融商品市場の公正性や健全性、投資家の信頼などが損なわれることから、金融商品取引法で禁止されています 金商法166 。違反者には5年以下の拘禁刑（懲役）もしくは500万円以下の罰金の刑事罰が科される 同197の2⑬ ほか、得た利益の没収・追徴制度 同198の2 、利益相当額の課徴金 同175 、行為者とともに法人なども罰する両罰規定 同207Ⅰ② が定められています。

インサイダー取引に関係する対象

　有価証券には、株券または新株予約権証券、社債券などがあります。株券が発行されない株式も、金融商品取引法上の有価証券となります 同2Ⅱ 。また、社債券が発行されない社債も同様です。

　会社関係者は、会社（その会社、親会社または子会社）の役員、代理人、使用人その他従業員、会社に帳簿閲覧権を有する株主などです。さらに、会社と契約の締結をしている者または締結交渉をしている者も、その契約に関して重要な事実を知ったとき、株式売買などが禁止されます。会社との契約には、弁護士や税理士などの専門サービスの提供に関するものや、金融取引、原材料販売などの継続的取引、企業結合に関するものなど多様なものが含まれます。

　インサイダー取引の規制は、上場会社の業務などに関する「重要事実」を知った場合に適用されます。重要な事実には、株式の募集、資本金・資本準備金・利益準備金の額の減少、自己株式の取得、剰余金の配当、合併・会社分割などに関して会社が行った決定、災害に起因する損害または業務遂行の過程で生じた損害、主要株主の異動、財産上の請求にかかる訴えが提起されたことその他投資家の投資判断に著しい影響を及ぼすものにかかる情報があります。

Chapter 7

株式会社のお金の
基礎知識

会社法では、株式会社の事業年度ごとに決算を行うこと
が求められています。決算は、会社の経営状態を把握す
るための重要な手続であり、さまざまな計算書類の作成
やその監査、株主総会での報告・承認などが必要になり
ます。第7章では、会社の財務状況を知るためのお金の
基礎知識や、決算の手続などについて説明します。

Chapter 7
01 財務状況の把握に必要な株式会社の決算

> **POINT**
> - 決算は、株式会社の計算書類の確定に関する一連の行為
> - 計算書類とその付属明細書は、10年間の保存義務がある

株式会社に求められる決算

　株式会社は、各事業年度の終わりにその事業年度の決算を行うことが会社法で求められています。事業年度は各会社が1年以内の期間で定めます。

　決算とは広く、一定期間における収支や損益などの実績を明らかにし、予算と対比することをいいます。株式会社の場合、計算書類（①貸借対照表、②損益計算書、③株主資本等変動計算書、④個別注記表）及びそれらの附属明細書を作成し、その監査を受け、それを定時株主総会で報告して株主の承認を受け、さらに公告などをするといった一連の行為を指します。

　計算書類については次節以降で解説し、以下では決算の手続を示します。

決算の手続の概要

　決算では、株式会社は計算書類とその附属明細書、事業報告とその附属明細書［7-07参照］を作成します。計算書類とその附属明細書は10年間の保存が必要です。これらの書類は、監査役や監査役会などの監査を受けなければなりません。監査結果については監査報告が作成されます。

　会計監査人設置会社では、計算書類の会計監査が行われます。会計監査とは、計算書類など会計に関する書類を監査することです。

　取締役会設置会社では、計算書類、事業報告、各附属明細書について取締役会の承認を受けなければなりません。

　計算書類と事業報告は株主へ提供されます。そして計算書類は、定時株主総会の承認を受ける必要があります。この承認により、計算書類の内容が確定し、それが株主への配当（分配可能額算定）［7-09参照］の基礎になります。事業報告の内容は、定時株主総会で報告されます（承認は不要）。

　株式会社は定時株主総会の終結後、遅滞なく貸借対照表を公告しなければなりません（決算公告）。株主や債権者は、営業時間内はいつでも計算書類の閲覧などを請求できます。

◆ 決算に必要な主な行為

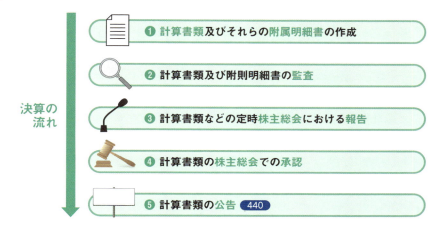

◆ 一般的な株式会社の決算（計算書類などの承認）手続の流れ

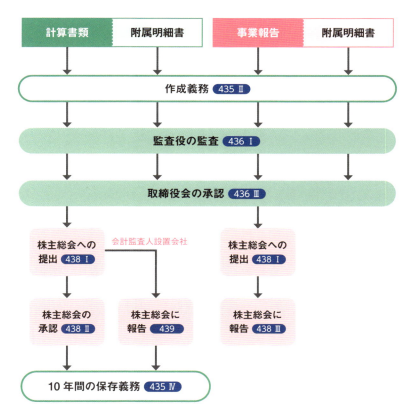

Chapter 7 02 日々の記録である会計帳簿と決算に必要な計算書類

> **POINT**
> - 株式会社は適時に会計帳簿を作成する義務がある
> - 会計帳簿をもとに計算書類を作成する

日々の取引による会計帳簿の作成

　決算の前提となる会計帳簿と計算書類について説明します。「計算」について、会社法では第二編第五章 431以下 で規定されています。計算とは「会計」と同じ意味です。経営の成果や財産の状態を定期的に把握し、株主など利害関係者に開示することをいいます。株式会社は日々の取引を記入し、適時に会計帳簿を作成しなければなりません。

　会計帳簿は、株式会社が財産や損益の状態を明らかにするために作成する帳簿で、仕訳帳、総勘定元帳、各種の補助簿などがあります。1つの事業年度中の取引を、取引のつど会計帳簿に記入することで、事業年度の終わりに、それに基づいて計算書類とその附属明細書を作成できるようになります。

　取引には、損失や収益を発生させる損益取引と、資産・負債・純資産の間でのみ変動が発生する交換取引があります。交換取引のうち、特に純資産を増減させる取引を資本取引といいます。

会計帳簿に基づく計算書類の作成

　株式会社は会計帳簿に基づき計算書類を作成しなければなりません。計算書類とは、①貸借対照表［7-03参照］、②損益計算書［7-05参照］、③株主資本等変動計算書、④個別注記表の4つです。

　①貸借対照表とは、一定の時点における株式会社の財産の状態をまとめた表です。②損益計算書とは、一定の期間における収益と費用を計算した株式会社の経営成績を表す書類です。③株主資本等変動計算書とは、前期末から当期末までの期間における貸借対照表の純資産の部の項目の変動を変動事由とともに明らかにするものです。剰余金の配当の決定や純資産の部の額の変動が取締役会に委ねられる場合がある［7-01参照］ことを背景として導入されたものです。④個別注記表は、①②③により、株式会社の財産や損益の状態をより正確に把握するための注記事項をまとめたものです。

会計帳簿と計算書類の関係

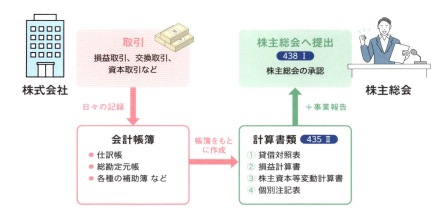

財産の状態を明らかにする貸借対照表の基本構造

> **+ONE　重要資料の保存**
>
> 会計帳簿とその事業に関する重要な資料は、各事業年度末にその年度の計算の締切（閉鎖）時から10年間保存しなければなりません 432 Ⅱ 。

Chapter 7
03 貸借対照表は財産の状態を表す計算書類

> **POINT**
> - 貸借対照表は、その時点での株式会社の財産の状態を示すもの
> - 貸借対照表に記載する項目は、会社計算規則に明記されている

貸借対照表に記載される要素

　貸借対照表は、一定の時点（期日）における株式会社の財産の状態を表すものです。計算書類での一定の時点は、事業年度末日（決算日）を指します。貸借対照表を見れば、その株式会社がその時点で、①どこから事業に必要な資金を調達しているか、②何にその資金を使っているかがわかります。

　貸借対照表では、「資産」「負債」「純資産」の３つの部に分け、勘定科目ごとに金額を表示します。表の左側（借方）に資産、右側（貸方）上部に負債、右側下部に純資産をそれぞれ記載します。資産の額は、負債の額及び純資産の額の合計と一致します。

　ある事業年度末と翌事業年度末の資産を比べると、どれだけ資産が増えたかがわかります。もっとも、借入れによって資産が増えた場合もありますので、利益の増減を見るには、資産から負債を引いた純資産を比べます。毎事業年度末の資産と負債を対照し、純資産がどれだけ増えたかを見るのが貸借対照表なのです。

資産と負債に含まれる項目

　資産の部は「流動資産」「固定資産」「繰延資産」の各項目に区分され、さらに詳細な項目に細分化されます。

　流動資産は、現金または短期間で現金化が見込まれる資産（商品や売掛金など）のことです。固定資産は、土地建物や機械、営業権、特許権など短期間で現金化が見込まれない資産です。繰延資産は、ある事業年度の特定の支出を、その年度だけではなく、のちの数年度にわたり分割して償却することが認められる勘定科目（創立費、開業費、株式交付費、社債発行費など）の費用です。

　負債の部は「流動負債」と「固定負債」に分かれています。流動負債は、営業取引から生じた債務（買掛金など）と、１年以内に履行期が到来する債務です。固定負債は、それ以外の１年を超える債務です。

◆ 貸借対照表の項目の例

科目	金額	科目	金額
（資産の部）		（負債の部）	
流動資産		流動負債	
現金及び預金		買掛金	
売掛金		短期借入金	
有価証券		未払金	
商品及び備品		未払費用	
仕掛品		未払法人税等	
原材料		前受金	
繰延税金資産		預り金	
その他		賞与引当金	
貸倒引当金		その他	
固定資産		固定負債	
有形固定資産		社債	
建物		長期借入金	
構築物		その他	
機械装置		**負債合計**	
車両運搬具			
無形固定資産		（純資産の部）	
ソフトウェア		株主資本	
のれん		資本金	
その他		資本剰余金	
投資その他の資産		資本準備金	
投資有価証券		その他資本剰余金	
関係会社株式		利益剰余金	
長期貸付金		利益準備金	
その他		その他利益剰余金	
貸倒引当金		別途積立金	
繰延資産		繰越利益剰余金	
社債発行費		自己株式	
		評価・換算差額等	
		その他有価証券評価差額金	
		新株予約権	
		純資産合計	
資産合計		**負債及び純資産合計**	

合計金額は一致する

＋ONE ┃ 債務超過

貸借対照表の負債の合計額が資産の合計額を上回り、純資産の額がマイナスとなる場合を債務超過といいます。もっとも、貸借対照表上の債務超過が直ちに、破産手続開始の原因となる債務超過 破産法16 Ⅰ になるわけではありません。

Chapter 7
04 貸借対照表の純資産の区分である資本金と準備金

> **POINT**
> - 資本金は、計算上の額であり、具体的な財産とは無関係
> - 資本金と準備金は、債権者を保護するためのもの

資本金の意味

　前節で説明した貸借対照表の純資産の部（右側下部）は、「株主資本」「評価・換算差額等」「新株予約権」に区分されます。株主資本はさらに、「資本金」「資本剰余金」「利益剰余金」「自己株式」に細分化されます。

　資本金とは、財産維持の基準となる計算上の額のことです。貸借対照表には原則、設立や株式発行に際し、株主（となる人）が会社に払い込んだ額（出資額）が計上されます。ただし、出資額の2分の1を超えない額は資本金に計上せず、「資本準備金」に計上できます。資本金は計算上の額に過ぎず、実際にその額の財産があるわけではありません。たとえば、1000万円を出資して株式会社を設立し、それを資本金に計上して事業を開始したとします。この会社がそれを使い果たし、事業年度末に資産が1円も残らなかった場合、貸借対照表の純資産の合計額は0円となりますが、資本金の額は1000万円で変わりません（「その他利益剰余金」が−1000万円になります）。

準備金の意味と役割

　株主資本のうち、資本剰余金は「資本準備金」と「その他資本剰余金」に、利益剰余金は「利益準備金」と「その他利益剰余金」に、それぞれ区分されます。利益剰余金は、株式会社が剰余金を原資として株主へ配当する場合、一定の計算式に従って計上しなければならない額です。

　資本準備金と利益準備金は「準備金」と呼ばれ、これも純資産の部への計上が必要な計算上の額です。設立または株式発行の際に株主（となる人）が出資した額のうち、資本金として計上されなかった額は資本準備金に計上しなければなりません。株主に財産を分配するには、純資産の合計が資本金と準備金の合計を上回っている必要があります。準備金には、株主への過剰な財産流出を抑え、債権者保護のために資本金を補完する機能があります。

貸借対照表の「純資産の部」の項目 会社計算規則 76 I ①

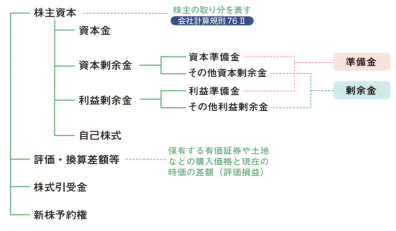

会社法の株主資本

項目	内容
資本金	
準備金	資本準備金、利益準備金
剰余金	その他資本剰余金、その他利益剰余金

株主への配当の元となる株式会社の資金

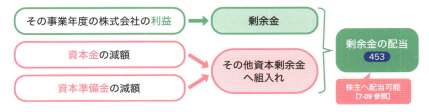

＋ONE　資本金の役割

すべての株主が有限責任しか負わない株式会社 [6-02参照] では、債権者の保護のため、純資産の額が資本金の額を上回る場合しか株主に財産を分配できません。また、株式会社が資本金の額を減少させると、株主へ分配できる額が増え、債権者の利害に影響するため、実施には厳格な手続が必要とされます [7-11参照]。

Chapter 7 05 損益計算書は利益と損失を算定する計算書類

> **POINT**
> - 損益計算書は、利益や損失の算定のため、収益と費用を表示した書類
> - 利益の増加分と減少分から、利益が生じた過程を示すもの

損益計算書に表示する内容

損益計算書は、株式会社の一定の期間の利益や損失を算定するため、収益と費用を表示した書類です。これで株式会社の経営成績を明らかにします。

損益計算書には、その事業年度に株式会社が営業活動で得た収益である売上高、販売した商品や製品の原価（費用）である売上原価、及び売上高から売上原価を控除した売上総利益（売上総損失）を表示します。次に、販売費及び一般管理費（販管費）を表示し、売上総利益から販管費を控除した営業利益（または営業損失）を表示します。そして、営業活動以外の原因で生じた特別損益以外の損益を営業外損益（営業外収益と営業外費用）として表示し、営業利益と営業外損益を合計した経常利益（または経常損失）を表示します。さらに固定資産の売却損益など、臨時に発生する損益を特別損益として表示し、税引前当期純利益（または損失）を表示します。最後に納税額などを控除し、当期純利益（または損失）として表示します。

貸借対照表と損益計算書の関係

貸借対照表と損益計算書は、前者が一定の時点の財産の有高（ストック）、後者が一定の期間の収益・費用の側面から、株式会社の状態を示しています。貸借対照表で増えた利益（純資産）がどのように生じたかを知るためには、その事業年度の純資産の増加要因である収益と減少要因である費用を比較する必要があります。収益・費用とは、純資産の増加・減少要因のうち、営業活動の利益とはいえない株式の発行や資本金の減少（資本取引）によるものを除いたものです。

このように貸借対照表で増えた利益の増加分と減少分（フロー）から、利益が生じた過程を示すものが損益計算書です。純資産が増加すると収益が発生し、その分、利益も増加します。逆に純資産が減少すると費用が発生し、その分、利益も減少します。

損益計算書に表示する主な内容

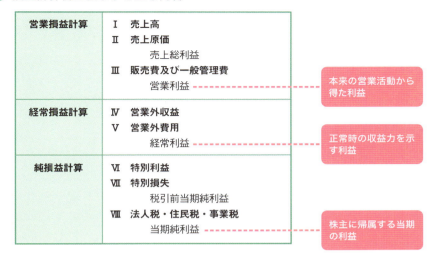

貸借対照表と損益計算書の関係

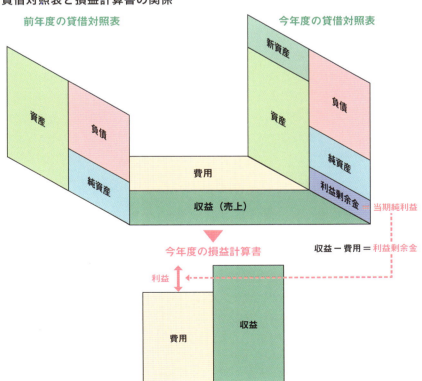

Chapter 7
06 企業グループの経営状態を見るための連結計算書類

POINT
- 企業グループの財産や経営の状態は、連結計算書類で把握できる
- 監査と取締役会の承認が必要、株主総会の承認は不要

大会社に作成が求められる連結計算書類

　親会社と子会社などからなる企業グループの場合、個々の会社で作成された計算書類を見るだけでは、グループ全体の財産や経営の状態はわかりません。そこで、企業グループで作成されるのが連結計算書類です。これには、①連結貸借対照表、②連結損益計算書、③連結株主資本等変動計算書、④連結注記表があります。事業年度末日において大会社かつ有価証券報告書提出会社の場合は、その事業年度にかかる連結計算書類を作成する必要があります。

　連結計算書類では、グループ全体を1つの会社に見立て、グループ内の株式保有関係や債権債務関係が相殺消去されます。企業グループでは、子会社が計算に含まれることに加え、親会社が保有する関連会社の株式について、持分法が適用されます。持分法とは、関連会社の純資産・損益の変動に応じ、事業年度ごとに関連会社への投資額を修正する方法です。関連会社などが得た利益のうち、親会社の持株比率に見合う額だけを、企業グループの利益として連結財務諸表に含めます。

連結計算書類に関する手続

　大会社かつ公開会社［2-02参照］である会社では、連結計算書類は会計監査人と監査役会の監査を受けたあと、取締役会の承認を受けます。監査に際し、会計監査人は連結計算書類全部の受領日から原則4週間で、会計監査報告の内容を監査役と取締役に通知し、監査役は会計監査報告の受領日から原則1週間で監査役会の監査報告の内容を取締役と会計監査人に通知します。

　取締役会の承認を受けた連結計算書類は、書面交付やインターネットを通じて株主に提供され、その内容と監査の結果が定時株主総会に報告されます。株主総会の承認は必要ありません。

連結計算書類の各書類の主な特徴 　441 Ⅰ　　会社計算規則61

① 連結貸借対照表
純資産の部に「非支配株主持分」の項目を含む。資産に掲げる株式や債権、負債に掲げる債務のうち、相手が連結子会社であるものは相殺消去がなされる。

② 連結損益計算書
売上として認識されるのは、グループ外に売却された時点。

③ 連結株主資本等変動計算書
「非支配株主持分」という大項目が増える。株主資本の項目の自己株式は、連結子会社などが保有する株式を含む。

④ 連結注記表
特有なものとして、連結計算書類作成のための基本となる重要事項に関する注記、連結株主資本等変動計算書に関する注記、持分法適用会社も含めた重要な後発事象に関する注記など。

連結計算書類に関する手続（大会社かつ公開会社の場合）

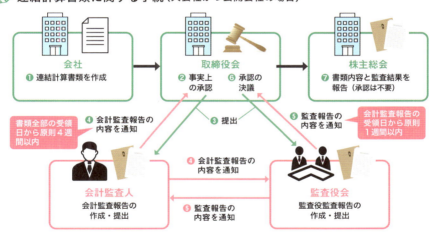

+ONE　持分法の適用範囲

持分法の適用における「関連会社」とは、その会社が財務及び事業の方針決定に対し、重要な影響を与えることができる会社などです。したがって、重要性が乏しい会社に対しては、持分法を適用しなくてよいとされます。

Keyword
有価証券報告書提出会社　上場会社や、資本金5億円以上かつ株主数1000人以上の会社。
相殺消去　グループ（連結対象）内の取引を消し、重複を消去する作業。

Chapter 7
事業報告・附属明細書の作成と取扱い

> **POINT**
> - 事業報告は、株式会社の経営の状態を説明するための書類
> - 附属明細書は、計算書類及び事業報告の内容の補足説明

株式会社の現状を報告する事業報告

　決算時に作成する「事業報告」は、事業年度中の株式会社の現状を報告する書類です。株式会社の状態に関する重要な事項、内部統制システムの運用状況の概要、株式会社を支配する者のあり方に関する基本方針などが記載されます。

　公開会社［2-02参照］においては、株式会社の現状に関する事項、会社役員に関する事項、株式に関する事項、新株予約権に関する事項などが記載されます。

　事業報告は、計算書類ではないため、監査役（監査役会・監査等委員会・監査委員会）の監査のみを受け、会計監査人の監査の対象にはなりません。しかし、計算書類と同様、各事業年度の終わりに作成し、定時株主総会に提出する必要があります。

　取締役会設置会社においては、事業報告の内容は取締役会の承認を受ける必要があります。また、定時株主総会で報告しなければなりませんが、株主総会の承認は必要ありません。

重要事項を補足するための附属明細書

　「附属明細書」とは、計算書類及び事業報告の内容を補足する重要事項を表示する書類です。計算書類の附属明細書には、有形固定資産及び無形固定資産の明細、引当金の明細、販売費及び一般管理費の明細などが表示されます 会社計算規則117 。たとえば公開会社において、取締役の競業の明細は、事業報告の附属明細書に記載されます 435 ⅡⅢ 。

　附属明細書は取締役が各事業年度の終わりに作成し、取締役会設置会社においては取締役会の承認を受ける必要があります 436 Ⅲ 。しかし、計算書類や事業報告とは異なり、定時株主総会には提出されず、本店や支店に備え置かれ、株主や債権者の閲覧謄写請求に供されるにとどまります 442 。

Keyword　**新株予約権**　決められた額や条件で株式を取得できる権利 2 ㉑ 。

決算に必要な書類の株主総会の承認

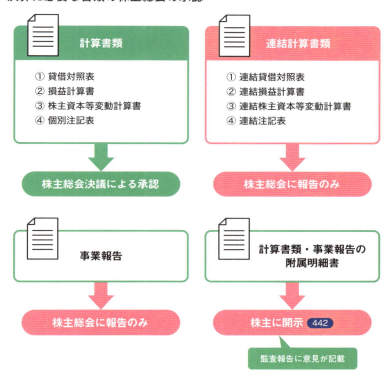

決算書類は、株主総会の決議による承認が必要です。連結計算書類、事業報告は、株主総会への報告のみが求められます。

＋ONE　キャッシュ・フロー計算書の開示

金融商品取引法では、「キャッシュ・フロー計算書」の開示も必要とされます。これは、一会計期間における株式会社のキャッシュ・フローの状況を、営業活動（どのように利益を上げているか）、投資活動（何に投資しているか）、財務活動（どうやってお金を集めているか）の３つの活動区分別に表示する書類です。キャッシュ・フローとは、現金及び現金同等物の増減を意味します。

Chapter 7
08 剰余金は株主への配当の基準

> **POINT**
> - 剰余金は、株主への分配可能額の計算の基準となるもの
> - 剰余金の配当は、株主総会の普通決議で決める

株主に分配できる額である剰余金

剰余金とは、株主への分配可能額を計算する際の基準となる額です。①その他資本剰余金、②その他利益剰余金〔P.171参照〕からなります。

①は、剰余金のうち、資本取引（純資産を増減させる取引）から生ずるものをいいます。その額はマイナスとなってはいけません。自己株式処分差益、財産価額填補責任などの履行に支払われた額などが含まれます。

②は、株式会社が得た利益のうち、株主への分配に回さず、内部留保が累積したものをいいます。株式会社が当期純利益を計上した場合は、その額だけ増加し、逆に当期純損失を計上した場合は、その額だけ減少します。

剰余金の配当

株式会社が株主に対し、株主のもつ株式の数に応じて株式会社の財産（配当財産）を分配することを剰余金の配当といいます。これは、営利を目的とする株式会社の本質的要素です。

剰余金の配当は原則、株主総会の普通決議によって行います。取締役会設置会社は、事業年度中に1回だけ、取締役会の決議によって金銭の配当（中間配当）ができる旨を定款に定めることができます。さらに、次の要件を満たす株式会社は、定款に剰余金の配当（金銭分配請求権を株主に与えない現物配当を除く）について取締役会が決められる旨を定めることができます（定款の効力が認められるのは監査報告などで問題の指摘がない場合）。①会計監査人設置会社である、②取締役の任期が1年を超えない、③監査役会設置会社、監査等委員会設置会社または指名委員会等設置会社である。

なお、剰余金の配当（財産が流出する場合）と、剰余金の額を減少させて資本金・準備金を増加させたり、剰余金の項目間の係数を変更（金額の組換え）したりすることで社内に留保すること（財産が流出しない場合）をあわせて剰余金の処分といいます。

📝 株式会社が得た利益の行き先

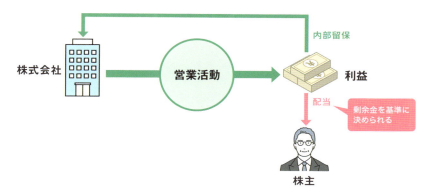

📝 剰余金の種類と処分

その他資本剰余金
*資本取引*から生ずるもの

- 自己株式処分差益
- 財産価額填補責任などの履行のために支払われた額
- 合併などの組織再編の行為の際に生ずる合併差益などのうち、資本金・資本準備金とされなかった額
- 資本金の減少額のうち、欠損填補・資本準備金への繰入れに使われなかった額
- 資本準備金の減少額のうち、欠損填補・資本金への組入れに使われなかった額

その他利益剰余金
内部留保が累積したもの

- 任意積立金
  → 当期純利益から、定款または株主総会における剰余金の処分の決議に従い、社内に積み立てられた額
- 繰越利益剰余金（任意積立金以外）
- 当期末処理損失（マイナスの繰越利益剰余金）
  → 登記純損失が準備金の取崩しなどで填補されず、累積しているもの

⬇ **剰余金の処分**

会社財産を処分する	会社財産を処分しない（項目間の係数を変更）	
剰余金の配当　`453 以下`	資本金・準備金の額の増加　`450` `451`	その他（損失の処理、任意積立金の積立て等）　`452`

Chapter 7
09 分配可能額の計算

> **POINT**
> - 剰余金の額の計算が、分配可能額の計算の基準となる
> - 純資産が300万円を下回るとき、剰余金は配当できない

分配可能額の計算方法

配当や自己株式取得の限度の金額である**分配可能額**は、次の①〜③の手順で求めます。

①最終事業年度末日における剰余金（その他資本剰余金＋その他利益剰余金）の額を計算、②分配時点の剰余金の額を計算（①に最終事業年度末日後の**資本取引**による剰余金の額の変動を反映）、③そこから後述する控除などの調整をしたものが**分配可能額**となります。なお、株式会社の**純資産が300万円を下回る**場合には、剰余金の配当はできません `458`。

期中に**臨時計算書類**を作成し、必要な監査・承認手続を経た場合（臨時決算）は、その**期間損益**を②に加えて分配可能額に反映させます。株式会社は、最終事業年度の直後の事業年度に属する一定の日を臨時決算日と定め、その日における貸借対照表、及びその事業年度初日から臨時決算日までの期間にかかる損益計算書を作成できます。これらが臨時計算書類です。

分配可能額の控除による調整

②の分配時点の剰余金が計算できたら、次の❶〜❸の控除を適用します。

まず❶**自己株式**［6-13参照］の帳簿価額、及び❷最終事業年度末日後に処分した**自己株式の対価**を控除します。そして、❸**法務省令で定める額**を控除します。これには「のれん等調整額」などがあり、「のれん」の2分の1と繰延資産に相当する額が含まれます。「の

れん」とは、他社を買収する際、その対価として支払う額が、他社の純資産の額を上回る部分のことです。また繰延資産は、支出する費用のうち支出の効果がその支出の日以後1年以上に及ぶ資産をいいます。これらの控除後が、③分配可能額となります `461 Ⅱ`。株式会社は分配可能額の範囲内で配当や自己株式取得を行います `461`。

Keyword **期間損益** 1会計期間内のすべての収益と費用の差額。

剰余金の額の計算 446

① 最終事業年度の剰余金

最終事業年度末日の「その他資本剰余金 ＋その他利益剰余金」 446 ①

決算日後の資本金の変動を反映

決算日後に増加した剰余金 446 ②〜④
・自己株式を処分した場合の自己株式処分差益
・資本金・準備金を減少し「その他資本剰余金」「その他利益剰余金」に組み入れた分

決算日後に減少した剰余金 446 ⑤〜⑥
・自己株式を消却した場合の自己株式の帳簿価額
・剰余金の配当をした場合の配当額
・剰余金を減少させて資本金・準備金に組み入れた分 など

＝ ②分配時点の剰余金の額

 分配可能額の計算 461Ⅱ

②分配時点の剰余金の額
（臨時計算書類を作成していない場合）

控除費目

❶ 自己株式の帳簿価額 461Ⅱ③

❷ 最終事業年度末日後に処分した自己株式の対価 461Ⅱ④

❸ 法務省令で定める額 461Ⅱ⑥
（のれん等調整額など）

❸ 分配可能額

第7章 株式会社のお金の基礎知識

181

Chapter 7
10 分配可能額を超えて配当を行う違法配当

> **POINT**
> - 分配可能額規制に違反した剰余金の配当は違法配当とされる
> - 分配可能額を計算するとマイナスとなる状態を欠損という

違法配当に対する責任

　株主に配当する金銭などの総額は分配可能額［7-09参照］を超えてはいけません。この**分配可能額規制**（財源規制）に違反した配当を（狭い意味で）**違法配当**といいます（俗に「タコ配当」ともいいます）。会社法は、違法配当が行われた場合、Ⅰ違法配当で金銭の交付を受けた者、Ⅱ違法配当に関与した業務執行者などの責任を定めています。

　Ⅰにあたる株主は、自分が交付を受けた金銭など（分配可能額を超える部分だけではなく交付を受けたすべて）の帳簿価額に相当する金銭を株式会社に支払う義務を負います。債権者は自己の債権額の範囲で、Ⅰの株主にその債権者への支払いを請求できます。

　Ⅱでは、①違法配当に関する職務を行った業務執行者と、②総会議案提案取締役と取締役会議案提案取締役は、違法配当の剰余金の帳簿価額総額に相当する金銭を、連帯して株式会社に支払う義務を負います。①には、業務執行取締役、そのほかの取締役や執行役が含まれます。②には、株主総会に提出する剰余金配当議案を取締役会で決議する際、これに賛成した取締役も含まれます。会計監査人がいる場合、会計監査人も善良な管理者の注意をもって会計監査をしたとはいえず、株式会社に**任務懈怠**の責任を負います。

事業年度末に発生し得る事後の欠損填補責任

　分配可能額を計算してマイナスになることを**欠損**といい、その額を**欠損の額**といいます。株式会社が分配可能額の限度内で剰余金を配当したものの、その事業年度末に分配可能額がマイナスとなった場合、配当に関する職務を行った業務執行者は、欠損の額（株式会社が交付した額が限度）を、連帯して株式会社に支払う義務を負います（**事後の欠損填補責任**）。ただし業務執行者が、その職務について注意を怠らなかったことを証明すればこの責任を負いません。この責任は、総株主の同意があれば免除できます。

違法配当に対するそれぞれの責任

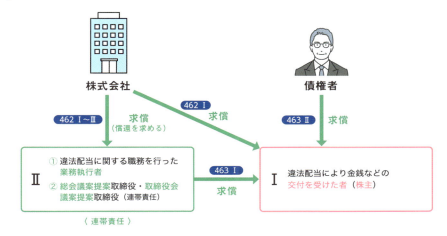

事後の欠損填補責任の発生までの流れ

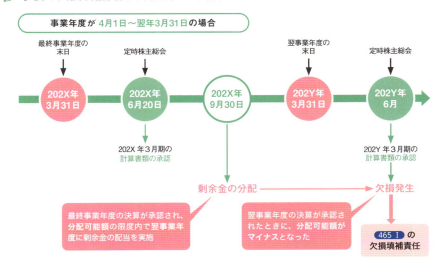

Chapter 7
11 配当確保などを目的とした資本金の減少（減資）

> **POINT**
> - 資本金を減少させると、分配可能額を増加させることができる
> - 資本金を減少させるには、債権者異議の手続が必要

資本金の額の減少（減資）の効果

　株式会社では、財産の状態を改善するなどの目的で、資本金の額を減少させることがあります。これを資本金の減少（減資）といいます。この場合、減少した額だけ、「資本準備金」または「その他資本剰余金」の額が増加します。計算上の額である資本金を減少させても株式会社の財産は減少しませんが、分配可能額が増加し、剰余金の配当が可能になるという効果があります。その一方で、特に債権者保護のために、資本金の額は所定の手続をとらなければ減少させることができません。

資本金の額の減少の手続

　資本金の額を減少させるためには、原則として、次の①～③の事項を株主総会の特別決議によって決定しなければなりません。

　①減少する資本金の額、②減少する資本金の額の全部または一部を準備金とするときはその旨及び準備金とする額、③資本金の減少がその効力を生ずる日です。

　ただし、欠損填補［P.182参照］にあてる範囲でのみ資本金の額を減少させる場合には、定時株主総会の決議によって決定できます。また、株式会社が株式の発行と同時に資本金の額を減少させる場合には、その減少の効力が生ずる日後の資本金がその日前の額を下回らないとき、取締役（取締役会設置会社では取締役会）が決定できます。一方で株式会社は、その資本金の減少の内容など一定の事項と、債権者が一定の期間内に異議を述べることができる旨を公告し、債権者異議の手続（債権者保護の手続）を経る必要があります。

　資本金の減少効力は、効力発生日に生ずるのが原則ですが、債権者保護の手続が終了していない場合、それが終了しない限り効力は生じません。資本金額の減少については変更登記が必要です。

資本金の減少と準備金の減少のしくみ

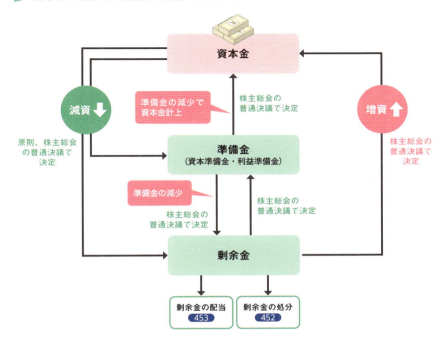

資本金や準備金を減少させるときの債権者異議の手続

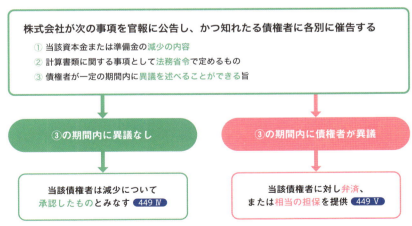

Chapter 7
12 配当確保などを目的とした準備金の減少

> **POINT**
> - 準備金も資本金と同様、減少させて分配可能額の増加が可能
> - 準備金の減少には原則、株主総会の普通決議が必要

計算上の額である準備金の役割

　準備金は資本金と同じように、計算上の額であり、分配可能額を算出する際の控除項目としての役割があります。相当する財産が株式会社に保有されていれば、どんな形でもかまいません。準備金の増減は、現実に金銭を積み立てたり支出したりするわけではなく、貸借対照表の株主資本に挙げた準備金の額を増加・減少させるにすぎません。しかし、分配可能額が増加することになるため、株主や債権者の利害に影響を及ぼします。ただし、減少させる準備金の額の全部を資本金とする場合には債権者は不利にならないため、株主総会の普通決議があれば可能です。

準備金を減少させるときのルール

　資本準備金を減少させてその他資本剰余金を増加させたり、利益準備金を減少させてその他利益剰余金を増加させたりすることができます（それにより分配可能額が増加します）。どちらの準備金を先に減少させなければならないかに関する規制はなく、株式会社の選択に委ねられます。

　準備金の額を減少させるときは、①準備金の減少額、②減少額の全部または一部を資本金の額とするときはその額、③効力発生日を定めなければなりません。①と②に差額がある場合、その額だけ剰余金の額を増加させます。

　また、準備金の額をマイナスにすることはできません。準備金の額の減少には、原則として株主総会の普通決議が必要です。

　準備金を減少させて剰余金を増加させる場合、分配可能額が増加して債権者の不利益となる可能性があるため、減資と同様、債権者異議の手続（債権者保護の手続）［P.185参照］を経る必要があります。ただし欠損填補の目的で、欠損の額の限度で定時株主総会の決議によって行う場合には、債権者異議の手続は必要ありません。

◆ 準備金の額の減少のための手続

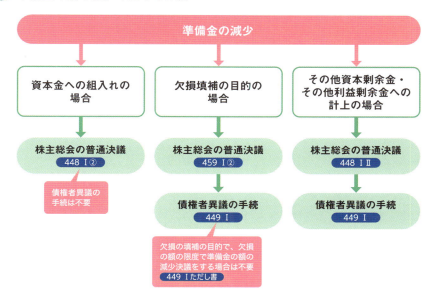

◆ 準備金の使用による欠損填補

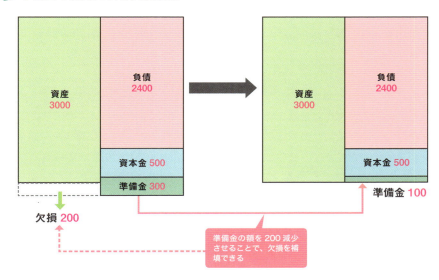

Chapter 7
13 株式会社における資金調達の方法

> **POINT**
> - 外部資金の調達方法には、借入れ、株式や社債の発行などがある
> - 外部資金を調達する際は、財務体質への影響を測る指標を使う

借入れや株式・社債発行などの外部調達

　株式会社が事業を営むためには、研究開発、設備投資、原材料の仕入れ、従業員への給与支給など、多くの資金が必要です。会社設立時には、これらの活動に必要な資金は外部から集めなければなりません。設立後は事業活動で得た利益を資金需要にあてることもできます（自己資本・内部資金）。

　これが不足する場合は、外部から資金を調達する必要があります。その一番早い方法は、銀行など金融機関からの借入れです。中小企業の場合、借入れが受けられないときには、経営者が資金提供をすることもあります。

　資金調達全体に占める割合は少ないものの、会社法では外部調達の方法として、株式、その派生である新株予約権、社債の発行による方法について規定しています。次節から株式（募集株式）発行と社債の概要を説明します。

株式会社の財務体質を測る指標

　外部からの資金調達に際しては、それによる財務体質への影響を考えることが必要です。そのために次のような指標を見ると参考になります。

　①自己資本比率〈総資本（総資産）のうち自己資本の比率〉：自己資本は返済などの必要がなく、その比率が高いことは財務安定性からも収益性からも望ましく、健全といわれます。

　②固定長期適合率〈固定資産÷(自己資本＋固定負債)×100〉：固定資産が長期資本にどれだけ賄われているかを示す指標です。100％以下であれば財務的に安全であるとされます。

　③流動比率〈期末流動資産÷期末流動負債×100〉：当面の支払能力を示すものです。債務返済能力の側面では、流動比率が高いほど望ましく、200％が一応の目安とされます。

　さらに、株式会社の収益性を分析する指標として、④資本利益率〈利益÷資本×100〉が用いられます。投下された資本からどれだけ多くの利益が生み出されたかを見るものです。

内部と外部による資金調達の方法

| 自己資本 | 事業活動によって得た利益の内部留保 |

| 外部資金 | ● 金融機関からの借入れ　● 取引先からの信用供与
● 募集株式の発行など（新株の発行、自己株式の処分）
● 新株予約権の発行　　　● 社債の発行 |

株式会社の財務体質を測る主な指標

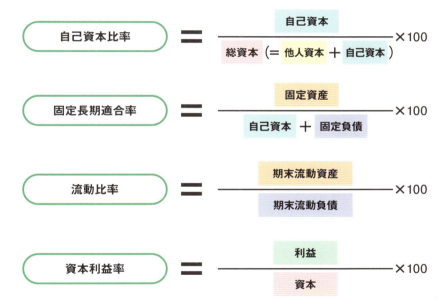

第7章　株式会社のお金の基礎知識

+ONE　そのほかの主な指標

そのほか、収益性を分析する指標として、総資産利益率（ROA：Return On Assets）、自己資本利益率（ROE：Return On Equity）なども使われます。

Chapter 7
14 募集株式の発行（新株発行）による資金調達

> **POINT**
> - 設立後に引受けの申込みをした者に割り当てる募集株式
> - 募集株式の発行方法は、株主割当て、第三者割当て、公募の3つ

第三者に株式を発行する際の利害調整

　資金調達の手段として、株式会社は具体的な資金需要に応じ、設立後に新たな株式（募集株式）を発行することにより、資金を集められます。これは一般に、増資と呼ばれます。

　設立後、第三者に株式を発行する場合、既存株主と新しく株主となった者との間で利害調整が必要になります。

たとえば、第三者に対して発行される株式の価額が安いと、既存株主が保有する株式の価値が低下し、既存株主から新しい株主へ利益の移転が起こります。そこで会社法では、第三者に対する有利発行の規制を設け、株主総会の特別決議で既存株主から同意を得ることで、利害調整をしています。

募集株式発行の3つの方法と手続

　募集株式の発行には、①株主割当て、②第三者割当て、③公募（時価発行）の3つの方法があります。

　①は、既存株主に株式の割当てを受ける権利（株主の持株数に比例）を与える形式での発行です。上場会社以外による募集株式の発行は、この方法がとられます。各株主が議決権比率の維持に関心をもち、株式に市場価格がないので、ほかの方法では公正な払込金額の決定が困難なためです。

　②は、既存株主に株式の割当てを受ける権利を与えず、縁故者にのみ募集株式の引受けの勧誘・割当てを行う方法です。募集株式の引受人が株式会社の経営に参加したり、株式会社との業務提携を目的としたり、株式会社の業績不振などで特定の大株主以外による引受けが期待できない場合に行われます。

　③は、既存株主に株式の割当てを受ける権利を与えず、不特定多数の者に引受けの勧誘を行う方法です。上場会社や、株式の新規公開を目指す株式会社が、市場価格のある株式を対象に行います。

募集株式を発行する方法と既存株主への影響

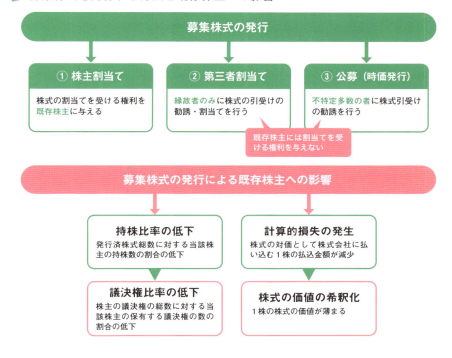

募集株式の発行を行う際の募集事項とその決定機関

募集事項	① 募集株式の数 ② 払込金額またはその算定方法 ③ 現物出資を認める場合にはその旨・財産の内容・価額 ④ 払込期日・払込期間 ⑤ 株式を発行するときは増加する資本金・資本準備金に関する事項

募集事項の決定機関

		株主割当て	第三者割当て
非公開会社	原則	株主総会の特別決議	株主総会の特別決議
非公開会社	例外	定款により、取締役（取締役会設置会社は取締役会）が決定できる旨を定めている場合、取締役、取締役会	株主総会の特別決議により取締役（取締役会設置会社は取締役会）への委任が認められる
公開会社	原則	取締役会の決議（指名委員会等設置会社は執行役へ委任できる）	取締役会の決議
公開会社	例外	—	定款により定められている場合は株主総会

Chapter 7 15 株主割当てによる募集株式の発行

> **POINT**
> - 株主割当てでは、株主総会の特別決議で株式の数などを決める
> - 現物出資を定めた場合、裁判所に検査役の選任を申し立てる

株主割当ての基本的な流れと決定事項

　非公開会社（株式譲渡制限会社）が募集株式を発行する際は通常、株主割当てがとられます。その基本的な流れは、次のとおりです。①募集事項などの決定、②株主への株式引受けの勧誘、③株式を引き受けようとする株主の申込み、④株主の出資履行（払込金額の払込み）、⑤変更登記です。

　株主割当て場合は原則、株主総会の特別決議で次の事項を決定します。ただし定款に、取締役（取締役会設置会社の場合は取締役会）が決定できる旨を定めている場合、それに従います。

　①募集株式の数、②払込金額またはその算定方法、③現物出資を認める場合にはその旨・財産の内容・価額、④払込期日・払込期間、⑤株式を発行するときは増加する資本金・資本準備金に関する事項、⑥株主が株式会社に申し込むことでその募集株式の割当てを受ける権利を与える旨、⑦⑥の申込みの期日です。

現物出資を認める場合に必要な検査役

　株式会社が募集事項として、金銭以外の財産を出資の目的とする旨（現物出資）を定めた場合には、遅滞なく裁判所に検査役の選任を申立てなければなりません。ただし次の場合には、検査役の調査が不要とされています。①現物出資者に割り当てる株式総数が発行済株式総数の10の1を超えないとき。②現物出資の財産の価額総額が500万円を超えないとき。③現物出資の財産が市場価格のある有価証券であり、募集事項で定めたその価額か市場価格として法務省令で定める方法で算定されるものを超えないとき。④現物出資の財産について募集事項で定めた価額が相当として弁護士・公認会計士・税理士などの証明を受けた（不動産の場合、不動産鑑定士の鑑定評価が必要）とき。⑤現物出資の財産が株式会社に対する一定要件を満たす金銭債権であり、募集事項で定めた価額が一定要件を満たすとき。

◆ 株主割当てによる募集株式の発行の手続

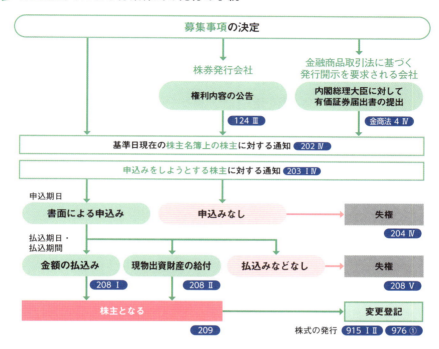

◆ 現物出資の場合の手続 207

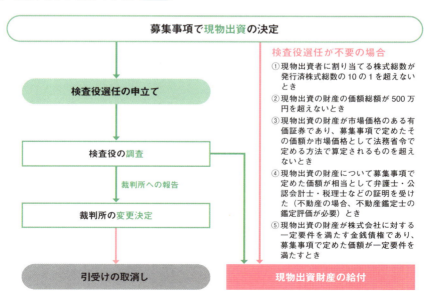

Chapter 7
16 第三者割当てによる募集株式の発行

> **POINT**
> - 第三者割当てでは、既存株主に株式割当ての権利を与えない
> - 株主総会の特別決議で承認を得れば、払込金額を有利に設定可能

既存株主に権利を与えない第三者割当てと公募

　既存株主に株式割当ての権利を与えず、縁故者にのみ募集株式の引受けの勧誘を行う方法が第三者割当てで、不特定多数の者に勧誘を行う方法が公募です。この２つは会社法上の手続的差異はありません。

　第三者割当ては通常、募集株式の引受人との関係強化を目的とする場合や、業績不振で特定の大株主以外の募集株式の引受けが期待できないといった事情がある場合に行われます。公募は、時価を払込金額とするため、株式会社にとって株主割当てより一般的に資本コストが安いというメリットがあります。一方、株価が変動するなかで、適正な払込金額を決めることが必要なため、株主割当てより困難な部分もあります。

第三者割当ての手続

　第三者割当てによる募集株式の発行は、募集株式が譲渡制限株式［6-12参照］であれば、株主総会・種類株主総会の特別決議が必要で、公開会社の譲渡制限株式以外の株式であれば、取締役会の決議で行うことができます。

　いずれの場合も、株主総会の特別決議による承認を得れば、募集株式の引受人にとって払込金額を特に有利な金額にすることも認められています。取締役はこの場合、株主総会でそれを必要とする理由を説明しなければなりません。

　第三者割当てで発行する場合、会社に特別な事情があることが通常なので、第三者から引受けの申込みがなされる前に、株式会社と第三者との間に、割り当てる株式の種類や数、払込金額などに関する合意が形成されることがあります。その後の手続は、①株主に対する募集事項の公告、②募集株式の引受けの申込みをしようとする者に対する通知、③引受けの申込みと募集株式の割当て、④引受人による出資の履行、⑤変更登記となります。

第三者割当てによる募集株式の発行の手続

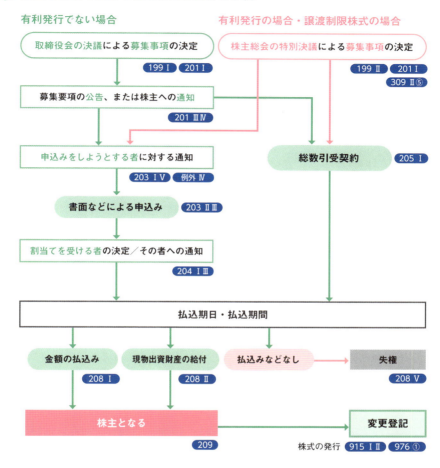

＋ONE　総数引受契約

募集株式を引き受けようとする者がその総数を引き受ける場合には、申込みをしようとする者に対する通知、割当てに関する規定 203 204 （上図の左上側）は適用されず、株式会社と引受人になろうとする者との間の契約（総数引受契約）により、募集株式を引き受けることができます 205 。

Chapter 7
17 資金調達をするために株式会社が発行する社債

> **POINT**
> - 社債は株式会社に対する金銭債権で、募集事項を内容とするもの
> - 社債権者には、株主総会の議決権などの共益権はない

株主より優先して弁済を受けられる社債

　株式会社は社債を発行することで、資金を調達できます。社債とは、債券（有価証券）の一種です。会社法の規定により、引受者に株式会社が社債を割り当てること（社債契約の承諾）で、株式会社に対する金銭債権が発生します。社債をもつ者（社債権者）にはその募集事項の定めに従って利息と元本が期日に支払われます。

　社債は公衆（不特定多数の者）に対して発行されること（公募債）が多いですが、1人あるいは少数の者に対しても発行できます（私募債）。債権であるので、株主とは異なり、社債権者は株式会社に利益があるかどうかにかかわらず、所定の条件に従って元本の支払い（償還）と利息の支払いを受けることができます。また、株式会社が解散した場合、社債権者は株主に優先して会社財産から弁済を受けます。ただし、社債権者は株式会社の構成員ではないので、株主総会に参加して議決権を行使することはできません。社債の内容は、契約によって定められます。社債権者に付随的な権利を付与したり、利率・償還の特約を付けたりするなど、さまざまな内容の社債があります。

社債についての会社法の定め

　社債は、個人を含む多数の投資家に発行する公募債が典型です。公募債では、社債を発行した株式会社（社債発行会社）が契約どおりに債務履行を行わない場合、多数の小口の社債権者が裁判などで自らの権利を主張することが簡単ではありません。そこで、会社法では、株式会社が社債を発行する場合は原則、社債権者のために社債を管理する者（社債管理者）の設置を義務付け、社債権者保護のための一定の規制を置いています。また、社債権者の利害に重大な影響がある事項について、社債権者の総意を決定するために、社債権者で構成される社債権者集会の制度が設けられています。

社債権者と株主の違い

 社債権者

 弁済は社債権者が優先

 株主

社債権者
- 利益の有無にかかわらず、所定の条件に従い、償還と利息が支払われる
- 会社解散の場合、会社財産から株主に優先して弁済を受けることができる
- 株主総会に関与する権利はない

株主
- 株式会社に利益がある場合にのみ、配当を受けることができる
- 会社解散の場合、株式会社の債務弁済後、残余財産の分配を受けるだけ
- 株主総会の議決権を有する

社債の種類

社債の主な種類

普通社債	新株予約権付社債	担保付社債
新株予約権［P.176 参照］が付かない単純な社債	新株予約権を付与した社債	担保付社債信託法に基づく物上担保が付与された社債

発行形態による区別

公募債
公衆（一般投資者）に向けて発行される

私募債
特定の少数者に向けて発行される

＋ONE　債券としての社債

政府や政府関係機関、地方公共団体が発行者である「国債」「政府関係機関債」「地方債」などとは異なり、「社債」は会社（株式会社・持分会社）が発行者です。しかし、投資家から見ると似た側面が多く、社債も、国債などとともに、債券、公社債と呼ばれます。もっとも、発行額は国債が圧倒的に多く、社債は10％以下です。

第7章　株式会社のお金の基礎知識

Chapter 7

18 社債の発行と償還

> **POINT**
> - 社債の発行会社が募集事項を通知し、申込者に社債を割り当てる
> - 社債権者は、元本・利息の支払請求権などを有する

社債の発行方法と社債権者の決定

社債は、一般的に多くの人から資金を集めるためのものです。小口の社債券を市場に多数放出することが多いですが、特定少数の投資家が社債権者になることもあります。

社債の発行方法には公募債と私募債[P.197参照]があります。公募債として発行する方法を募集といいます。この場合、株式会社は募集事項を定め、社債引受けの申込みをしようとする者に一定の事項を通知し、申込者のなかで割当てを受けた者が社債権者になります。申込者は、株式会社が定めた払込期日までに、払込金額の払込みをしなければなりません。募集事項として社債券を発行する旨を定めている場合は、社債券が発行されます。

特定の者に社債を引き受けさせる方法（特定の者が総額を引き受ける総額引受契約を締結する場合）では、契約の成立によって社債権者が決まります。

社債の償還と利払いの方法

社債の発行会社が社債権者に対して債務を弁済することを償還といいます。社債は、不特定多数の者に対する債務となり、社債権者は一般公衆であることが多いため、通常の貸金などの債務弁済とは異なる規制が定められています。

償還額は、社債の額が原則ですが、その額を超えて償還させる契約もできます（割増金付社債）。償還の期限や方法は、募集事項で定められます。社債券が発行されている場合は、社債券と引換えに償還を受けることができます。償還期限の前に発行会社が任意に社債を取得し、消却することもできます（任意買入消却）。

社債に利払いの定めがある場合には、定めに従って利息が支払われます。社債の償還請求権は、権利を行使できるときから10年（利息請求権は5年）で消滅時効にかかります。

募集社債の発行の手続

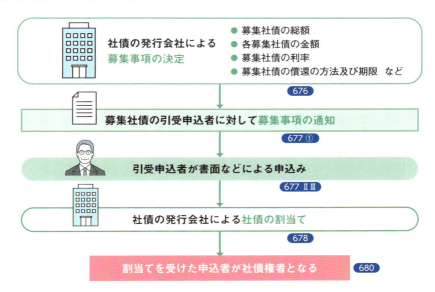

社債権者の社債発行会社に対する権利・義務

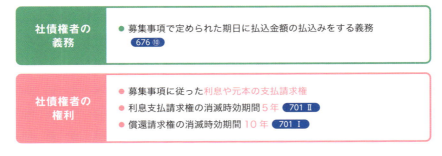

＋ONE　社債の管理

会社が社債を発行する場合には原則、社債管理者を置かなければなりません。社債管理者の資格は、銀行や信託会社などに限られており、社債発行会社との間の社債管理委託契約により社債を管理します。各社債の金額が１億円以上の場合などは社債管理者を置かなくてもよく、実際は設置しないで発行される社債のほうが多いです。

COLUMN 7

債権者保護のための資本の３原則

会社の財産を維持させる「資本維持の原則」

　資本金は、株式会社において、株主の出資を一定の金額以上、会社の財産として保有することで、債権者を保護しようとするしくみです。株主は会社に対して有限責任しか負わないため、債権者は自己の債権回収について、会社の財産に重大な関心があります。そこで会社法では、貸借対照表上の純資産の額（資産から負債を控除した額）が資本金と準備金の合計額を上回らない限り、会社は株主に剰余金の配当その他分配をしてはならないとして、一定の金額以上の会社の財産維持を義務付けています。これを「資本維持の原則」といいます。

「資本充実の原則」と「資本不変の原則」

　この原則を補うものに、「資本充実の原則」「資本不変の原則」があります。

　資本充実の原則とは、会社設立の際の株式の発行、及び会社成立後の募集株式の発行などにおいて、出資額に相当する財産が会社に確実に拠出されなければならないという要求をいいます。現物出資に対する規制 `28①` `33` `207` 、全額出資の要求 `34 I` `63 I` `208` 、仮装払込みの場合の取締役などの担保責任 `52の2` `103②` `213の3` 、現物出資の不足額填補責任 `52` `213` などは、この原則の現れです。

　また会社は、資本金の額を減少できますが `447` 、減少すると株主へ分配できる額が増加し、会社の財産が減少して債権者が不利益になるおそれがあります。これでは会社の財産維持を図った意味がなくなることから、債権者に異議を述べる機会を与えるための手続（債権者異議手続）を経なければ減少させることができません `449` 。このように一度定めた資本金の額を減少させるためには厳重な手続を要することを資本不変の原則といいます。

　さらに、会社の純資産額が300万円を下回る場合、会社は株主に対して剰余金の配当などの財産分配をすることができません `458` `会社計算規則158⑥` 。この規制も会社債権者の保護のための規制です。

　このように会社法は、債権者保護のための制度を設けることで、株主の有限責任とのバランスを図っています。

Chapter8

企業の買収・
結合・再編

企業は事業の拡大や縮小、転換などの目的で、組織の変更や再編を行うことができます。会社法では第5編でその制度の内容と手続について規定しており、各制度のメリット・デメリットを考慮して目的に適した手法を選ぶことが可能です。第8章ではM&Aなど、企業の買収や結合、再編などの手法について説明します。

Chapter 8 01 組織再編の種類と組織変更の内容

> **POINT**
> - 会社法で定める組織再編には合併、会社分割、株式交換などがある
> - 持分会社を株式会社に変更する手続が組織変更

会社法第5編で定める組織再編

　会社法第5編は、「組織変更、合併、会社分割、株式交換、株式移転及び株式交付」のそれぞれの制度の内容と手続について規定しています。このうち、組織変更以外の制度をまとめて<u>組織再編</u>といいます。いずれも買収、結合、再編［8-02参照］という、<u>会社の事業活動の拡大・縮小のための経済行為に関する制度</u>です。目的の経済行為を実現するために各制度のメリット・デメリットを考慮し、その実現に適した手法が選択されることになります。

　この章の次節以降では、会社法に定める組織再編の制度（事業譲渡も含む）が買収、結合、再編にどう利用できるのか、それぞれの制度の概要を解説します。この節ではもう一方の<u>組織変更</u>について先に説明します。これは会社の事業活動の拡大・縮小を目的とした組織再編の制度とは別のものです。

会社の類型を変える組織変更

　会社法に定める組織変更とは、その会社の組織を変更することで、法人格の同一性を保ったまま、<u>別の類型の会社になる</u>ことです。具体的には、①<u>株式会社から持分会社</u>（合名会社、合資会社、合同会社）［10-02参照］に変わること、または②<u>持分会社から株式会社</u>に変わることを指します。合併、会社分割、事業譲渡などでも同じことは実現できますが、組織変更の手続に従えば、より容易です。

　なお、合名会社、合資会社、合同会社の間の変更は、<u>持分会社の種類の変更</u>であり組織変更ではありません。

　会社が組織変更を行うには、<u>組織変更計画</u>を作成し、効力発生日の前日までに、株式会社では総株主の同意、持分会社では総社員の同意を得る必要があります。組織変更を行うと会社債権に不利な事態が生じるおそれがあることから、<u>債権者保護の手続</u>が必要です。総株主の同意が必要なため、反対株主の<u>株式買取請求権</u>［6-08参照］はありません。

組織再編の種類

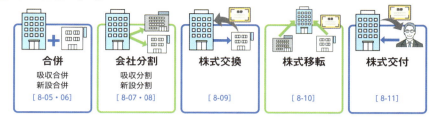

会社の類型を変える組織変更

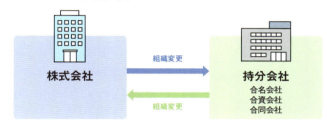

組織変更の手続

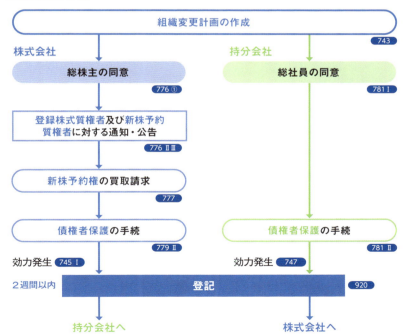

Chapter 8 02 買収、結合、再編を行うM&A

> **POINT**
> - M&Aは、買収、結合、再編を含む実務上の用語
> - M&Aは、株式の取得と事業の取得の大きく2種類がある

事業を拡大・縮小するための買収、結合、再編

　組織再編が利用される場面として**M&A**があります。M&Aとは、合併や買収で対象会社の事業や会社そのものを支配することをいいます。

　合併については会社法に具体的な制度が定められています［8-05参照］。これに対し、他社などの事業の全部または一部を取得して事業を拡大する行為を買収といいます。規模や資金力などが同程度の会社が合併などの法的な手続で事業を拡大する行為が結合です。さらに、会社が不採算の事業を譲渡したり、同じ企業グループ内で事業分野を整理したりして事業の構成を変更することを再編といいます。

　これらの用語は、会社法のものではなく、日常的・経済的な用語です。一般的にM&Aは、買収、結合、再編を含むものとして捉えられており、以降ではまとめてM&Aと呼びます。

M&Aの手法

　M&Aの手法は大きく分けて、Ⅰ事業を運営する会社の株式を取得する方法と、Ⅱ対象会社の事業の全部または一部を取得する方法があります。

　Ⅰは、通常の株式取得と、合併などの会社法上の組織再編の経済行為による株式取得があります。前者は、第三者からの譲渡による株式取得（特定の株主からの取得、市場内買付け、公開買付け［8-03参照］の3つ）と、第三者割当て［7-16参照］による対象会社からの株式取得（新株発行と自己株式処分）の2つがあります。後者には、株式交換［8-09参照］、株式移転［8-10参照］、株式交付［8-11参照］の3つがあります。

　Ⅱには、通常の事業譲渡［8-04参照］という方法と、会社法の組織再編の経済行為のうち、合併［8-05参照］及び会社分割［8-07参照］による取得という方法があります。

> **Keyword**　**M&A**　Mergers and Acquisitions の略であり、Mergersは「合併」、Acquisitionsは「買収」の意味。

◆ 買収、結合、再編と M&A の違い

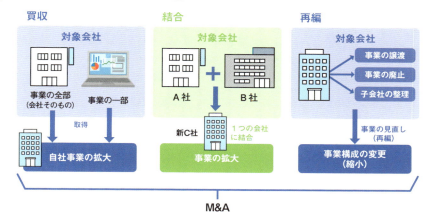

◆ M&A の手法の主な種類

Ⅰ　株式の取得	
通常の株式取得 （組織再編によらない）	● 対象会社以外の第三者からの株式取得（株式譲渡）[8-03 参照] ● 第三者割当てによる対象会社からの株式取得（新株発行、及び自己株式処分）[7-16 参照]
会社法の組織再編 による株式取得	● 株式交換 [8-09 参照] ● 株式移転 [8-10 参照] ● 株式交付 [8-11 参照]

Ⅱ　事業の取得	
通常の事業譲渡 [8-04 参照]	
会社法の組織再編 よる事業の取得	● 合併 [8-05・06 参照] ● 会社分割 [8-07・08 参照]

第8章 企業の買収・結合・再編

+ONE　M&Aの目的

M&Aは通常、それにより企業価値（その企業が将来生み出すキャッシュフローの割引現在価値）の増加を見込んで行われます。企業価値の増加の要因としては、複数の企業の結合によるシナジー（相乗効果）や、非効率な経営の改善などがあります。

Chapter 8 03 不特定多数から買い付ける株式公開買付け (TOB)

POINT
- 上場会社の株式取得による買収では、公開買付けが多い
- 公開買付けには、金融商品取引法の規制がある

株式取得による買収の方法

M&Aの中心となる手法の1つは、対象会社の株式を取得することです。発行済株式の一部でも、その会社を支配するに足るだけの株式を取得すれば、買収したといえます。株式の取得方法は、①対象会社の株主から譲り受ける方法（対象会社以外の第三者からの取得）と、②対象会社の募集株式を引き受ける方法（第三者割当［7-16参照］による対象会社からの取得）などがあります。

①は、株式譲渡の方法で行いますが、上場会社の株式取得による買収の多くは、公開買付け（TOB）によって行われます。②は、定款所定の発行可能株式総数の限度内であれば原則、取締役会の決議によって募集株式を発行できることから、迅速な買収が可能であり、対象会社が事業資金を緊急に必要とする場合に有効です。

株式公開買付け（TOB）の内容と手続

株式の公開買付けとは、公告（公開買付開始公告）により、対象会社の不特定多数の株主から株式を買い付ける行為をいいます。公開買付けは、会社法ではなく、金融商品取引法によって規制されています。目的として、上場会社を株式取得により買収する場合に用いられます。

公開買付者は、あらかじめ公開買付開始公告で定めた条件に従い、買付けに応募した株主から株式を買い取らなければなりません。あらかじめ公告で定めた買付予定株式数の限度で買付けを行う場合（部分的公開買付け）、その数を上回る応募があっても、応募した各株主の持株数に応じて案分比例の方法で買い取らなければなりません。株主の平等を確保するため、公開買付期間中、公開買付者は公開買付け以外の方法で株式を買い付けることは禁じられます（別途買付けの禁止）。手続は、友好的な公開買付けか、公開買付者が上場会社かなどの事情により異なります。

◆ 公開買付けの一般的な手続

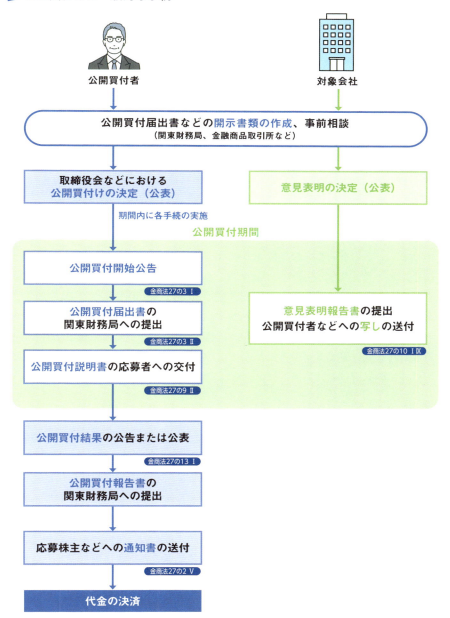

Chapter 8 04 会社の事業を買い取れる 事業譲渡

> **POINT**
> - 重要な事業の譲渡には、会社法上に特別の規制が存在する
> - 重要な事業の譲渡は、株主総会の特別決議で承認を得ることが必要

取引行為として事業を譲渡する事業譲渡

事業譲渡とは、株式会社が取引行為(契約)として、事業を他人に譲渡することをいいます。会社法では事業譲渡のうち、一定の重要なものに特別の規制を定め、株主保護を図っています。もっとも事業譲渡は、会社法上の特別な行為ではなく、単に譲渡する事業の権利・義務について、権利は譲受人に譲渡し、義務は譲受人が引き受けるという通常の取引行為にすぎません。事業譲渡の対価は、通常は金銭ですが、それ以外の場合もあります。

事業譲渡における事業とは、①一定の目的のために組織化され、有機的一体として機能する財産(得意先との関係などの経済的価値のあるのれん[P.180参照]などを含む)の全部または重要な一部と、②譲渡会社が①の財産で営んでいた事業活動です。これらを譲受人に受け継がせるものといえます。

事業譲渡の手続

株式会社が事業の全部または重要な一部を譲渡する行為は、株主の利益に重大な影響を与えます。そのため原則、事業譲渡が効力を生ずる日の前日までに株主総会の特別決議による承認を受けなければなりません。事業全部の譲受人が株式会社の場合、譲受人でも株主総会の特別決議による承認が必要です。譲渡会社の反対株主は株式買取請求権[6-08参照]をもちます。その内容は、組織再編における反対株主の権利と同様です。

ただし、譲渡する資産の帳簿価額が譲渡会社の総資産額の20％以下であるとき(簡易の事業譲渡)には、株主総会の承認は必要なく、反対株主の株式買取請求権もありません。この場合、一律に規制の対象外とすることで、取引の迅速性と安全性を担保する趣旨です。なお事業譲渡の場合、会社法上の債権者保護の手続は設けられていません。事業譲渡は特定承継であり、債権者の意思に反して債権が譲渡されることはないためです。

🖊 事業譲渡のイメージ

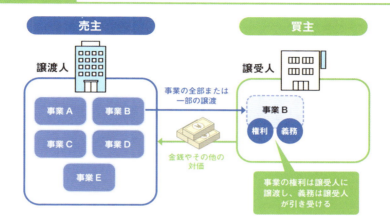

| 事業とは | ① 一定の目的のため組織化され、有機的一体として機能する財産の全部または重要な一部
② 譲渡会社（譲渡人）が1の財産によって営んでいた事業活動 |

🖊 事業譲渡における会社法の規制

- 事業の譲渡会社は**株主総会の特別決議**により事業譲渡の承認を受ける必要がある `467 Ⅰ①②` `309 Ⅱ⑪`
- 事業の譲渡会社の反対株主は**株式買取請求権を有する** `469` `470`

> 譲渡する資産の帳簿価額が、譲渡会社の総資産額の20％以下の場合はいずれも不要

➕ONE　事業譲渡の効果

事業譲渡では、合併や株式の譲渡とは異なり、必要な事業のみを選んで取得できます。また、会社法上の組織再編における手続が不要で、比較的短期間で手続を終えることができます。これに対し、事業主体が変わるため、対象事業に許認可が必要な場合、譲渡を受けた側は、新たに許認可を取得しなければなりません。また契約の当事者が変わることから、契約の相手方や債権者から変更についての承諾を得る必要があります。

Chapter 8 05 会社を1つに統合する株式会社の合併

> **POINT**
> - 吸収合併と新設合併では、吸収合併が用いられることが多い
> - 合併により消滅会社の権利・義務の一切が承継される

吸収合併と新設合併による2つの合併

合併とは、2つ以上の会社（当事社）が合一して1つの会社になることをいいます。合併には、吸収合併と新設合併があります。吸収合併は、当事会社のうちの1つ（存続会社）が合併後も併存し、合併で消滅するほかの当事会社（消滅会社）から権利・義務の一切を承継するものです。一方、新設合併は、当事会社すべてが合併で消滅し、その権利・義務の一切は新設した会社（設立会社）が承継するものです。

合併により消滅会社は解散し、清算手続を経ることなく消滅します。新設合併では、消滅会社の受けていた営業の許認可などが消滅し、設立会社が新たに取得する必要があるなどの不便があり、実務上は吸収合併が多く用いられています。

合併で発生する具体的な法的効果

合併では、権利・義務の一切が存続会社または新設会社に承継されます（一般承継または包括承継といいます）。新設合併では、消滅会社の株主は合併契約の定めに従い、消滅会社の株式に代えて必ず新設会社の株式が交付されます。ただし、片方の消滅会社の株主には、新設会社の社債・新株予約権のみを交付し、株式を交付しない取扱いは認められます。吸収合併では、消滅会社の株主は必ずしも存続会社の株式を交付されるとは限らず、合併契約の定めに従い、存続会社の社債・新株予約権、またはそのほかの財産のみが交付されることがあります。したがって、当然に存続会社に株主として承継されるわけではありません。

合併により、消滅会社の公法上の権利・義務が存続会社や新設会社に承継されるか否かは、その公法上の制度の趣旨に従って個別に判断されます。存続会社や新設会社に対し、消滅会社の刑事責任が及ぶことはありません。消滅会社が当事者である民事訴訟は、合併により中断し、存続会社や新設会社が訴訟を引き継ぎます。

🔖 吸収合併と新設合併の違い

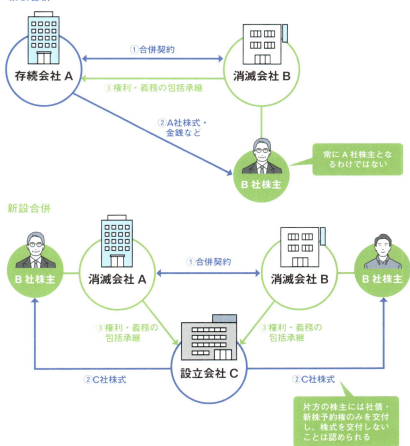

🔖 合併の法的効果

吸収合併	新設合併
権利・義務の承継：包括承継 消滅会社の株主への対価（合併対価）： 　　金銭そのほかの財産	権利・義務の承継：包括承継 消滅会社の株主への対価（合併対価）： 　　新設会社の株式、社債、新株予約権

第8章　企業の買収・結合・再編

Chapter 8 - 06 合併の手続

> **POINT**
> - 合併承認決議は原則として株主総会の特別決議による
> - 合併では、反対株主や債権者の異議の手続をとることが必要

合併できる会社の種類

　株式会社は、株式会社と合併するだけではなく、持分会社［10-02 参照］とも合併できます。清算中の株式会社も、存立中の会社を存続会社とする吸収合併または新設合併を行えます。

　特例有限会社［10-01 参照］は、特例有限会社を存続会社とする吸収合併をすることはできません。日本法に基づいて設立された株式会社と外国会社との合併は可能と考えられます。

吸収合併の手続

　株式会社がある会社を吸収合併する場合、次の手続が必要です。①当事会社間で合併契約を締結、②株主総会で合併の承認を決議、③債権者異議の手続を履行、④株主に合併の旨を公告・通知、⑤消滅会社の財産などの存続会社への引渡し、⑥合併の登記です。

　①当事会社である株式会社の代表取締役・代表執行役は、会社を代表して合併契約を締結します。契約には、株主保護などの目的で定めるべき事項が法定されています。各当事会社は一定期間、合併契約の内容などを記載した書面を本店に備え置かなければなりません。株主が合併条件の公正性を判断し、また債権者が合併に対して異議を述べるかどうかを判断するための資料を提供する趣旨です。

　②合併承認の決議は原則、株主総会の特別決議によります。

　③当事会社の一方の経営状態が悪いときは、合併により相手方当事会社の債権者の債権回収が困難となるリスクがあるなど、債権者に不利益を与えるおそれがあることから、債権者異議の手続が必要です［P.185 参照］。

　④消滅会社の反対株主、新株予約権者、存続会社の反対株主は株式買取請求権などを行使できます［6-08 参照］。

　⑥吸収合併では、消滅会社につき解散の登記、存続会社につき変更の登記を、新設合併では消滅会社につき解散の登記、新設会社につき設立の登記をしなければなりません。

吸収合併の存続会社における手続

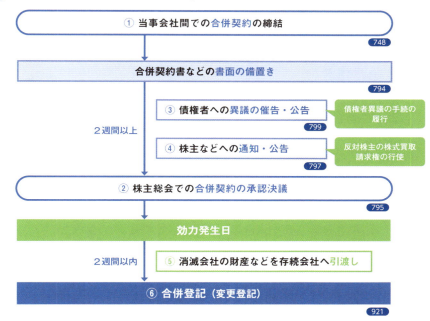

合併契約の法定事項 749 753

合併の当事会社の表示	当事者となる会社の商号及び住所など
合併の条件	① 消滅会社の株主に対し、その株式に代えて存続会社・設立会社が交付する株式や社債などの財産の数・額など、もしくはその算定方法 ② ①により存続会社・設立会社が交付する財産を、消滅会社の株主に対し、どのように割り当てるかに関する事項（割当比率）
存続会社・設立会社の組織・体制	① 新設合併の場合は、設立会社の目的、商号など、定款で定める事項、設立時取締役その他の役員等の氏名 ② 存続会社・設立会社が株式を交付する場合には、資本金・準備金の額に関する事項
効力発生日	吸収合併の効力発生日 （新設合併の効力発生日は設立会社成立の日）

Chapter 8
07 事業を他社に承継させる会社分割

> **POINT**
> - 会社分割には、吸収分割と新設分割がある
> - 会社分割では、権利・義務が包括的に承継される

経営効率化を容易に実現する会社分割

　会社分割とは、ある会社（分割会社）がその事業に有する権利・義務の全部または一部を、ほかの会社に承継させることをいいます。これには吸収分割と新設分割があります。分割会社の権利・義務を承継する会社が、既存の当事会社（承継会社）の場合は吸収分割で、新設する会社（新設分割設立会社）の場合は新設分割です。

　会社分割は、会社の経営を効率化するため、事業の一部を別会社（子会社）化すること（企業グループ内の再編）や、グループ外に切り離すこと（事業の買収）を容易にするための制度です。同様の目的では、現物出資・財産引受け、事後の子会社設立、事業譲渡の制度があります。ただこれらは、変態設立事項[9-06参照]として裁判所が選任する検査役の調査を受ける必要があったり[P.192参照]、債務移転に債権者個別の同意が必要であったりするなど、手続上の負担がありました。しかし、会社分割ではそれらが不要です。

会社分割で発生する具体的な法的効果

　会社分割が効力を生じると、承継会社または設立会社は、吸収分割契約または新設分割計画の定めに従い、分割会社の権利・義務を承継します。この承継は、一般承継（包括承継）です。たとえば、吸収分割の効力発生前に、分割会社が承継対象の財産である不動産を第三者に譲渡した場合、承継会社はその不動産に関して、分割会社からその第三者に対する契約上の移転登記義務も承継することになります。

　また、原材料の供給を受けるなどの契約上の地位も、契約相手の同意なく承継されます。分割会社の債務を自分だけが負って承継する場合も、債権者の承諾は不要です。抵当権や保証人の付与された債務が承継された場合、その抵当権や保証債務は被担保債務に従うため、会社分割による承継後の債務が担保されることになります。

吸収分割と新設分割の違い

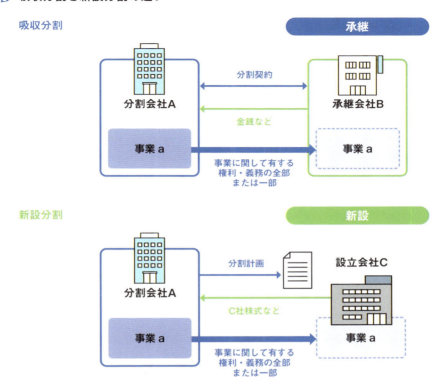

会社分割の法的効果

吸収分割	新設分割
● 吸収分割契約の定めに従い、分割会社の権利・義務を承継会社へ承継 759 Ⅰ ● 分割会社の債権者で個別催告を受けなかった者に対する責任は承継 759 Ⅱ Ⅲ ● 承継会社から分割会社に対する対価の交付 759 Ⅷ	● 設立会社の新設 ● 新設分割契約の定めに従い、分割会社の権利・義務を設立会社へ承継 764 Ⅰ ● 分割会社の債権者で個別催告を受けなかった者に対する責任は承継 764 Ⅱ Ⅲ ● 設立会社が分割会社に対して株式を交付 764 Ⅷ Ⅹ

Chapter 8
08 会社分割の手続

> **POINT**
> - 新設分割では、株式または社債など以外の財産を交付できない
> - 会社分割では、特別の法律により労働者保護が図られている

会社分割の手続

　会社分割の手続の大まかな流れは次の5つです。①吸収分割契約の締結または新設分割計画の作成、②承認決議、③分割の通知・公告、④株主・債権者・労働者の保護のための手続、⑤登記です。

　①②吸収分割では合併と同様、当事会社間の契約なので、吸収分割契約を締結し、株主総会の特別決議による承認を得る必要があります。新設分割では、分割会社は新設分割計画を作成し、株主総会の特別決議による承認を得る必要があります。③分割の当事会社は、株主に差止め・株式買取請求の機会を与えるため、一定の場合に株主に対し、分割の旨などの通知・公告をしなければなりません。④については後述します。⑤吸収分割では、分割会社及び承継会社は、承継会社の本店所在地で会社分割による変更の登記が必要です。新設分割では、設立会社の本店所在地において、分割会社は変更の登記、設立会社は設立の登記が必要です。

反対株主・債権者・労働者の保護のための手続

　④の手続は、株主・債権者・労働者に対し、それぞれ設けられています。

　会社分割に反対の株主には、株式買取請求権［6-08参照］があります。

　分割会社の債権者には、異議の手続が設けられています。分割会社の債務は当然に承継会社・設立会社に引き継がれる場合があり、その経営状態によっては不利益を受けるおそれがあるためです。

　また雇用契約も、吸収分割契約・新設分割計画の定めに従い、個々の労働者の承諾なしに承継会社・設立会社に承継されます。しかし会社分割は、労働者の重大な利害に関わることから、労働者の利益保護のため、「会社分割に伴う労働契約の承継等に関する法律」の定めにより、特別の保護が図られています。

◆ 吸収分割の手続（分割会社・承継会社）

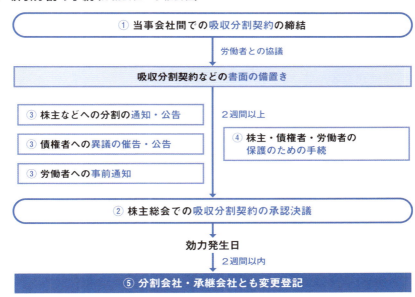

◆ 新設分割の分割会社における手続

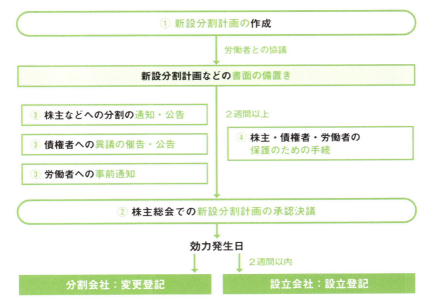

Chapter 8 09 別会社に株式を取得させる株式交換

> **POINT**
> - 株式交換は100％子会社とするための制度
> - 株式交換は株主の個別合意によらず、株式の取得などが可能

当事会社に与える影響を少なくできる株式交換

　株式交換とは、ある会社（株式交換完全子会社）が、その発行済株式すべてをほかの会社（株式交換完全親会社）に取得させることをいいます。

　株式交換は、既存の会社を完全子会社化し、完全親子会社としての関係をつくることを目的とする組織再編行為です。ある会社を買収で完全子会社化する場合、その会社の発行済株式すべてを株主から譲り受けることは、特に多数の株主が存在する会社では簡単ではありません。これに対して株式交換の場合、株主総会の承認を得れば、反対株主の保有株式を含め、すべての株式を取得できます。

　株式交換は原則、当事会社の法人格や財産の状態に影響を及ぼしません。そのため、当事会社に与える影響を極力少なくして買収または完全子会社化することなどに利用できます。

株式交換の手続

　株式交換は、完全子会社となる会社の株主のもつ株式すべてが、完全親会社となる会社に移転し、子会社の株主には同日に親会社から金銭や親会社株式などが交付されます。その手続として、各当事会社は法定事項を定めた株式交換契約を締結し、その効力が生ずる日より前に原則、各当事会社の株主総会の特別決議で株式交換の承認を受ける必要があります。当事会社の反対株主は、株式買取請求権をもち、その内容は合併と同様です［8-06参照］。

　株式交換の場合、完全子会社となる会社の債権者は、その地位に変動はありません（完全子会社となる会社が発行した新株予約権の権利者〈新株予約権者〉を除きます）。また完全親会社となる会社も、完全子会社となる会社の株主に対し、同社の株式を交付する限り、財産の状態の悪化は生じません。そのため、当事会社の債権者に異議の手続を要求される場合は限られています。債権者異議の手続の内容も合併と同様です。

株式交換のしくみ

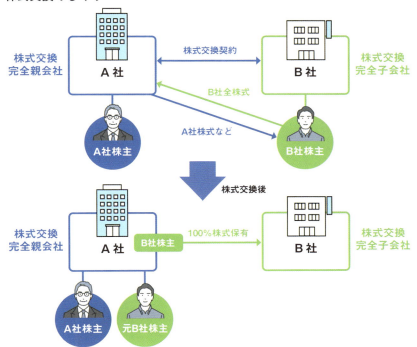

株式交換の手続

	完全親会社	完全子会社
株式交換契約の締結	767	767
事前の開示	株式交換契約の備置開始日 794 Ⅱ から効力発生後6カ月を経過する日まで 794 ⅠⅢ	株式交換契約の備置開始日 782 Ⅱ から効力発生後6カ月を経過する日まで 782 ⅠⅢ
株式交換契約承認のための株主総会の基準日の設定	基準日の2週間前までに公告（基準日から3カ月以内に株主総会で株式交換契約の承認） 124 ⅡⅢ	
株式交換契約承認のための株主総会の招集	2週間前（非公開会社の場合は原則1週間前）までに通知 124 ⅠⅡ	
株主総会の承認	効力発生日の前日まで 795 Ⅰ	効力発生日の前日まで 783 Ⅰ
株式買取請求の通知または公告	効力発生日の20日前まで 797 ⅢⅣ	効力発生日の20日前まで 785 ⅢⅣ
株式交換による変更登記	効力発生日から2週間以内 915	―
事後の開示	効力発生日後、遅滞なく開始し、効力発生日から6カ月間 801 Ⅲ③ⅥⅦ 791 Ⅰ②	効力発生日後、遅滞なく開始し、効力発生日から6カ月間 791 Ⅰ②Ⅱ

Chapter 8
10 会社を新設して株式を移す株式移転

> **POINT**
> - 株式移転では、設立手続を経ずに完全親会社が設立される
> - 株式移転も、個別合意なく100％親会社を設立できる

主に持株会社の設立に用いられる株式移転

株式移転とは、1つまたは2つ以上の会社（株式移転完全子会社）が、その発行済株式すべてを新設する会社（株式移転設立完全親会社）に取得させることをいいます。

株式移転は、株式移転完全子会社の株式すべてを取得する株式移転設立完全親会社が、設立手続を経ることなく設立されます。設立と同時に株式移転完全子会社の株主が保有する株式移転完全子会社の株式を、個別同意なく取得できます。新設される株式移転完全親会社に、株式移転完全子会社の発行する株式の帰属のみを変動させるので、原則として株式移転完全子会社の法人格や財産の状態に影響を及ぼしません。

株式移転は、持株会社を形成する目的で用いられます。持株会社とは、自社では直接事業を行わず、ほかの会社の株式を保有・支配することを通じて収益を上げる会社のことです。また、2つ以上の会社が共同して持株会社を設立する共同株式移転を行い、各社がその持株会社（株式移転設立完全親会社）の完全子会社となる形態で、企業結合を実現することが多いといわれています。

株式移転の手続

株式移転は、株式移転をしようとする会社が株式移転計画を作成し、原則として株主総会の承認を受ける必要があります。2つ以上の会社が共同して株式移転を行うこともできます。この場合、株式移転計画を共同して作成し、原則として各社の株主総会の承認を受けることになります。承認が得られない会社があった場合には、株主総会の議案の内容として、「一方の会社にのみ株主総会の承認が得られた場合においても、単独の株式移転として成立する」旨の定めがあれば、株式移転は成立します。そのような定めがない場合には、株式移転は成立しないと考えられています。

株式移転のしくみ

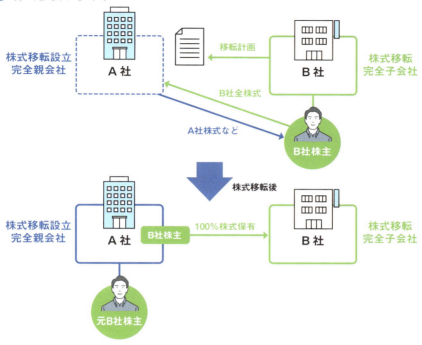

株式移転の手続

	完全親会社	完全子会社
株式移転計画の作成	—	772
事前の開示	—	新設合併契約などの備置開始日から完全親会社の成立の日後6カ月を経過する日まで 803 I Ⅲ
株式移転計画承認のための株主総会の基準日の設定	—	基準日の2週間前までに公告（基準日から3カ月以内に株主総会で株式移転の承認） 124 Ⅱ Ⅲ
株式移転計画承認のための株主総会の招集	—	2週間前（非公開会社の場合は原則1週間前）までに通知 299
株主総会の承認	—	完全親会社の成立の日の前日まで 804 I 参照
株式買取請求の通知または公告	—	株主総会の決議の日から2週間以内までに開始 806 Ⅲ Ⅳ
株式交換による登記	設立の登記	変更の登記
事後の開示	会社成立後遅滞なく開始し、成立の日から6カ月間 815 Ⅱ Ⅲ ③ Ⅴ 811 Ⅰ ②	完全親会社の成立の日後遅滞なく開始し、当該成立の日から6カ月間 811 Ⅰ ② Ⅱ Ⅲ

第8章 企業の買収・結合・再編

221

Chapter 8

11 株式を譲り受ける株式交付

> **POINT**
> - 株式交付は、議決権の50％超の子会社をつくる手法
> - 株式交付の当事者は、親会社と子会社となる会社の株主

株式を譲り受けて親子会社関係をつくる株式交付

株式交付とは、ある会社（株式交付親会社）が、ほかの株式会社（株式交付子会社）を子会社とするため、株式交付子会社の株式を譲り受け、その株式の譲渡人にその株式の対価として株式交付親会社の株式を交付することをいいます。ここでの子会社は、会社法の定める子会社［1-07参照］のうち議決権総数の過半数を所有されるものに限られます。これにより株式交付ができるかの判断を容易にしています。

ほかの会社を、法人格を維持したまま買収者の株式を対価に買収する方法に株式交換［8-09参照］がありますが、これはほかの会社を完全子会社化する場合しか用いることができません。一方、株式交付は、完全親子会社でない親子会社関係をつくる制度です。

株式交付の手続

株式交付は、株式交付子会社との取引ではなく、株式交付親会社と株式交付子会社の株式などの譲渡人との取引です。株式交付は株式交付親会社にとって、組織再編（新たに親子会社関係をつくる）と、募集株式の発行（株式交付子会社の株式を現物出資財産として給付しようとする者への対応）の2つの側面があります。

前者では、株式交付親会社は株式交付計画を作成する必要があり、効力発生日（株式交付がその効力を生ずる日）の前日までに、株主総会の特別決議で、その承認を受けなければなりません。

後者では、第三者割当てによる募集株式［7-16参照］に似た手続が必要です。①株式交付親会社から株式交付子会社の株主で株式譲渡の申込みをしようとする者への通知、②その株主から書面交付による申込み、③株式交付親会社による割当て、④譲渡目的物の給付などです。譲渡しの合意をしなかった株式交付子会社の株主の保有株式が、株式交付親会社により取得されることはなく、株式交付後も株式交付子会社の株主のままです。

株式交付のしくみ

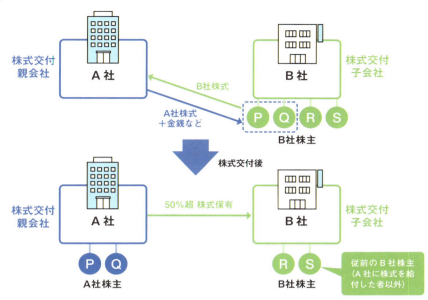

株式交付子会社の株式などの譲渡人に対する手続

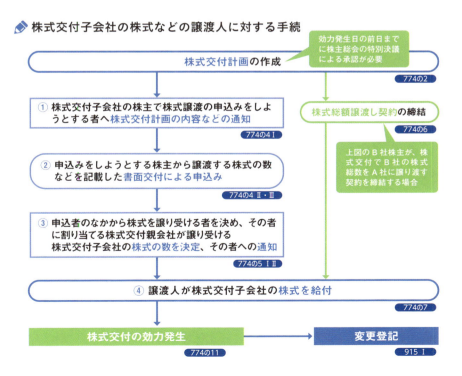

COLUMN 8

M＆Aにおける従業員の立場

会社法における会社と従業員の関係

　M＆Aは、事業を拡大して会社を成長させる目的もありますが、経営不振に陥った会社の経営再建の一環として行われることが多いといえます。その場合、顧客が競合する店舗を統廃合するなど、経営資源を効率化して企業価値を高めることが行われます。当然、会社で働く従業員も大きな影響を受けることになります。そこで、日本でM＆Aが行われる場合、会社の従業員がどうなるのかを見ておきましょう。

　会社と従業員の関係については、労働契約法や労働基準法などの労働法に定められており、会社法にはその関係についての直接的な規定はほとんどありません。会社法が定める合併や会社分割などの組織再編の制度では、それらの決定について、従業員が意見を述べるなどの関与の機会は定められていません。

会社分割と合併の場合の承継

　会社分割の場合、会社と従業員との労働契約（雇用契約）も、吸収分割契約・新設分割計画の定めに従い、個々の従業員の同意なく承継会社・設立会社に移すことができます。分割会社の従業員は賃金債権の債権者として、会社分割に異議を述べられる場合もありますが、それはすでに発生している未払いの賃金債権に限られ、通常は対象になることは少ないといえます。使用者がどのような会社になるかは、従業員にも重大な利害に関わることなので、分割会社の労働者保護には「会社分割に伴う労働契約の承継等に関する法律（労働契約承継法）」が特別の定めを設けています。

　合併の場合、吸収合併・新設合併のいずれも、合併後の会社は合併前の会社の権利義務を包括的に承継します　750 I　　754 I　。これにより合併前の会社の従業員の雇用契約も、合併後の会社に包括的に承継されます。また、事業譲渡における権利・義務の承継は、譲渡される事業に属する権利・義務が個別的に承継されます（特定承継）。したがって、事業譲渡における労働契約の承継も、譲渡会社・譲受会社・労働者の三者間の合意によって決まります。合併も事業譲渡も、労働者を保護する特別な規定は設けられていません。

Chapter9

株式会社の設立・解散

新しい事業を始めるために会社を設立したり、債務超過
などで会社を解散したりする際にも会社法の定めに従う
必要があります。設立には、定款の作成や株主の確定、
機関の設置、登記などの手続があり、解散して法人格を
消滅させる際にも清算手続などがあります。第9章では、
会社の設立・解散の方法や手続について説明します。

株式会社の設立の手続

> **POINT**
> - 株式会社の設立は、定款をつくることから始まる
> - 株式会社を設立するには、発起設立と募集設立の2つの手続がある

株式会社を新たに成立させるための手続

　株式会社という法人を成立させるための手続を「株式会社の設立」といいます。会社法では、会社成立に必要な一定の要件を定め、その要件を充足する手続がとられたときに会社成立が認められ、法人格が付与されます。

　会社成立の要件は、①根本規則である定款の作成、②構成員である株主の確定、③株主の物的有限責任の裏付けとなる出資の履行、④取締役などの機関の選任です。そして、⑤設立登記により会社が成立します。

　具体的な株式会社の設立は、❶設立しようとする者が発起人として定款を作成します。発起人とは、定款に署名または記名した者です。発起人は1人でも複数人でもかまいません。❷作成した定款は、公証役場で公証人の認証を受ける必要があります。❸発起人は、会社設立の際に発行する株式の少なくとも1株は引き受けて出資を行います（発起人は会社成立時に株主になります）。その後、❹法務局で設立登記をすることで会社が成立します。

発起設立と募集設立の2つの手続

　株式会社の設立には、設立時に発行される株式の全部を発起人が引き受ける発起設立［9-02参照］と、発行される株式の一部について発起人以外の引受人を募集する募集設立［9-03参照］の2種類があります。募集設立は、設立時から公衆の出資を募ることを想定した手続ですが、設立時は発起人またはその縁故者からの出資がほとんどで、多くは発起設立が用いられます。

　また、会社成立時の株主が実質1人の株式会社を設立する場合（単独設立）と、複数人の株主がいる株式会社を設立する場合（共同設立）があります。

　共同設立の場合、設立を始める前に、株主になろうとする者の間で、各人の出資比率、成立後の株式会社における役職など、定款の記載事項や業務の運営方針などに関する話し合いをしておくことが必要です。

株式会社の設立の主な流れ

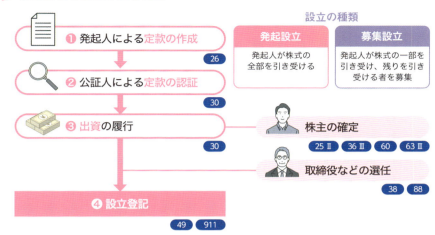

設立前に決めておくべき主な事項（定款記載事項）

① 株式会社の名前（商号）[1-08 参照]
② 株式会社の（事業）目的［1-09 参照］
③ 本店所在地
④ 機関の設計（取締役会を設けるかなど）
⑤ 就任を要請する取締役など
⑥ 発行可能株式の総数
⑦ 設立時発行株式の総数
⑧ 設立時の最低出資額
⑨ 会社成立後の資本金及び資本準備金の額
⑩ 払込取扱機関
⑪ 事業年度
⑫ 公告方法　939

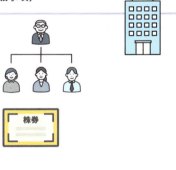

+ONE　**そのほかの設立の手続**

新しく株式会社をつくる手続（株式会社の設立）には、新設合併［8-05参照］、新設分割［8-07参照］、及び株式移転［8-10参照］による場合もあります。これらの手続の特徴や利点などについても確認しておきましょう。

Chapter 9 02 発起人が株式を引き受ける発起設立

POINT
- 発起設立が、よく用いられる株式会社の設立の手続
- 発起人は払込取扱機関の口座に出資金の入金(払込み)を行う

発起設立による会社設立の手続

　発起設立では、まず発起人が定款を作成し、発起人の全員が定款に署名または記名押印をすることが必要です。その後、作成された定款は、公証人による認証を受けます。

　設立時に発行される株式を設立時発行株式といいます。この株式に関する事項のうち、設立時に出資される財産の価額または最低額は、認証前に定款に定めておかなければなりません。また、発行可能株式の総数も会社成立までに発起人全員の同意を得て、定款に定めなければなりません。

　株式と引換えに払い込まれた金額すべてが株式会社の資本金として計上されるのが原則ですが、その2分の1を超えない額は、資本準備金［7-04参照］として計上できます。

　その後、発起人が出資の履行を行い、設立時取締役などの選任を行ったあと、法務局で設立登記がなされると、株式会社が成立します。

発起人による出資の履行

　発起設立では、発起人が設立時発行株式の全部を引き受けます。発起人は引き受けた株式について、遅滞なく全額の払込みを行い、金銭以外の財産の出資(現物出資)の場合には、その全部の給付を行わなければなりません。金銭出資の場合は「払込み」、現物出資の場合は「給付」といいます。金銭出資の払込みと現物出資の給付を合わせて「出資の履行」といいます。

　金銭の払込みは、発起人が定めた払込取扱機関(銀行や信託銀行などの金融機関)の払込取扱場所で行う必要があります。これは、払込みが確実に行われることを確保するためです。

　設立登記を申請する際には、「払込みがあったことを証する書面」が必要です。これは設立時代表取締役が払込取扱機関に払い込んだ金額を証する書面に、払込みが行われた口座の預金通帳の写し、または取引明細書などを綴じたもので足ります。

発起設立の主な流れ

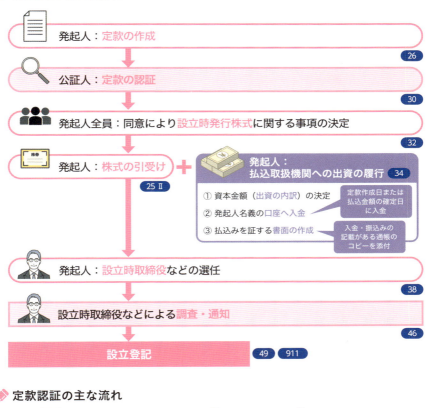

定款認証の主な流れ

> **＋ONE　スタートアップ支援のための定款認証の取組み**
>
> 小規模でシンプルな形態の会社をスピーディーに設立したいという起業家のニーズに応えるため、日本公証人連合会が定款作成支援ツールを公開しています。東京や大阪などではこのツールを使って定款認証を受けようとする場合、48時間以内に定款認証手続を完了させる運用が行われています。

Chapter 9 03 株式の引受人を募集する募集設立

> **POINT**
> - 募集設立では、株主の募集や創立総会の開催が必要
> - 募集設立では、払込取扱機関の払込金保管証明書が必要

株式の一部を発起人、残りを引受人がもつ募集設立

募集設立は、設立時発行株式の一部を発起人が引き受け、残りは引受人を募集して引き受けてもらう形式の会社設立の手続です。

募集設立における定款作成や認証などの手続は、発起設立と同様です。ただし定款変更は、設立時募集株式の払込期日（引受人が金銭の払込みをすべき日）または払込期間の初日以後、発起人は行うことができません。なぜなら、定款変更は創立総会の決議によって行うべきものだからです。

募集設立では、設立時発行株式の引受人を募集する手続や、創立総会の開催などが必要とされます。

本店所在地で設立登記をして会社が成立することも発起設立と同様です。会社成立時、発起人は設立時発行株式の株主となり、設立時募集株式の引受人は設立時募集株式の株主となります。

募集設立に特有の株主募集の手続と創立総会

設立時募集株式の引受人は、発起人の定めた払込期日または払込期間内に、所定の払込取扱機関の払込取扱の場所で払込みを行います。払込みの事実を確認するため、機関による払込金保管証明書（払込みを受けて払込金を保管していることを証明する書面）が必要です。これは募集株式の引受人となる一般投資者の保護のための制度です。

設立時募集株式の引受人が、所定の期間までに払込みをしない場合には、当然に失権します。

発起人は、設立時募集株式の払込期日または払込期間の末日以後、遅滞なく創立総会を招集しなければなりません。創立総会は、設立時株主により構成される会議体です。創立総会で発起人から設立に関する事項の報告が行われ、設立時取締役などの選任、設立時取締役などによる設立手続の調査結果の通知などが行われます。

これだけ手続が増えるために、迅速に会社を設立したい場合は発起設立が選択されるのです。

募集設立の主な流れ

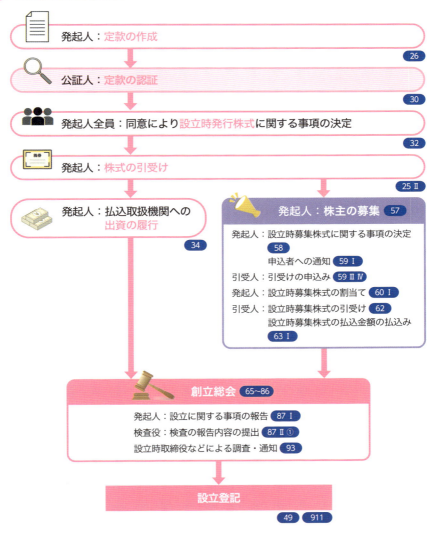

+ONE 縁故募集が多い

募集設立は実際上、取引先や取引金融機関、自社の役職員などの縁故者に引受けを依頼する縁故募集が多いといわれています。

Chapter 9 04 会社を設立するための設立費用

> **POINT**
> - 会社の設立費用は、定款に定めた額の限度で会社が負担
> - 金額に客観性があり乱用のおそれがない費用は例外として支払われる

会社設立に要する費用とその取扱い

　会社の設立事務の執行のために必要な費用を設立費用といいます。設立事務のために事務所を賃借した場合の賃料、従業員を雇った場合の給与、募集設立の場合の創立総会［P.230参照］の費用などがあたります。発起人がこれらの設立費用を支出した場合、成立後の会社に求償できますが、求償を無制限に認めると、過大な費用の支払いによって成立後の会社の財産を危うくするおそれがあります。したがって設立費用については、定款の変態設立事項［P.236参照］として、特別の規制が定められています。

　ただし、①定款の認証手数料、②定款にかかる印紙代、③払込取扱機関に支払う手数料・報酬、④検査役の報酬、⑤設立登記の登録免許税については、金額が定型化され、乱用の危険がないため、定款に記載されていなくても、発起人は成立後の会社の費用負担でこれらを支払うことができます。これらを含む、会社設立に最低限必要な費用は右ページ上表のとおりです。

設立費用（変態設立事項）を定款に定めた場合の手続

　発起人は設立費用について、その総額を定款に記載し、公証人の認証後、裁判所に検査役の選任を申し立て、検査役の調査を受ける必要があります。裁判所は、申立てが不適法で却下すべき場合を除き、検査役を選任します。検査役は通常、弁護士のなかから選任され、その報酬は裁判所が決定し、成立後の会社が支払います。

　検査役は必要な調査を行い、裁判所に報告します。報告を受けた裁判所が、設立費用を不当と認めたときは、これを変更する決定をしなければなりません。

　発起人は、自らが支出した設立費用について、定款で定めた額を成立後の会社に求償できます。定款に定めなかった場合には、前述の例外を除き、成立後の会社に求償できません。

会社設立の手続にかかる主な設立費用

費目	必要な金額
① 定款に貼付する収入印紙	4万円（電子定款では不要）
② 定款認証の手数料	資本金の額などが100万円未満の場合は3万円、資本金の額などが100万円以上300万円未満の場合は4万円、その他の場合は5万円
③ 登記申請用の定款謄本	謄本1枚につき250円
④ 募集設立の場合の払込保管証明書発行手数料	出資金1000万円の場合に概ね2万5,000円（消費税別）
⑤ 設立登記に必要な登録免許税	出資金の額の1000分の7に相当する額（15万円に満たないときは15万円）
⑥ 代表取締役の印鑑調整代金	実費

定款の変態設立事項の規制

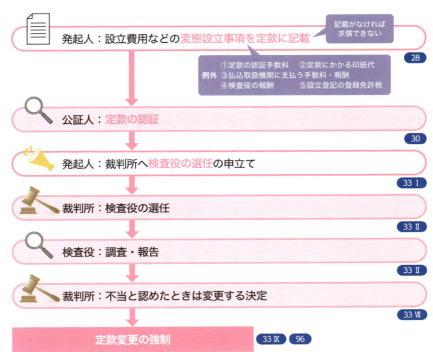

第9章 株式会社の設立・解散

Chapter 9
05 法人格を取得するための登記の手続

> **POINT**
> - 設立登記により株式会社の設立の手続が完了し、会社が成立する
> - 設立登記には登録免許税の納付が必要

設立登記による株式会社の成立

会社設立には登記が必要です。登記とは、会社の信用維持と取引の安全のため、会社の名称などの内容やその変動を公示する制度です。会社設立の手続は設立登記により完了します。設立登記は、会社を代表する設立時代表取締役または代表執行役が、その本店所在地の法務局に申請して行います。

設立登記 49 により、法人格が付与され、法人としての株式会社が成立します。法人格が付与されると、それまでの設立中の会社に生じた法律関係は、成立した会社に帰属されます。たとえば、発起人が契約した事務所の賃貸借契約や従業員との労働契約は成立した会社に引き継がれます。また、設立時発行株式または設立時募集株式〔9-03参照〕を引き受けて出資の履行を行い、その株式の株主となる権利を得た設立時株主は、会社成立により、株主になります。株主は、株式の譲渡もできるようになります 130Ⅰ 。

さらに、発起人は任務を終了し、設立時取締役（指名委員会等設置会社では設立時執行役）が業務執行機関である取締役（執行役）となり、会社は営業活動を開始できます。

設立登記の手続

設立登記の申請には、オンライン申請または申請書の提出の2つの方法があります。

申請にあたっては登記申請書を作成し、必要な添付書類を用意します。登記すべき事項 911Ⅲ の主なものは、会社の目的、商号、本店及び支店の所在地、資本金の額、発行可能株式の総数、代表取締役の氏名及び住所、会社の形態、公告の方法などです。

申請には登録免許税の納付が必要です。登録免許税は、資本金の額の1000分の7（15万円に満たないときは申請件数1件につき15万円）です。

Keyword　設立中の会社　会社設立の手続が進行している期間、会社成立（設立登記）前に存在する権利能力のない社団。

📝 設立登記の主な手続

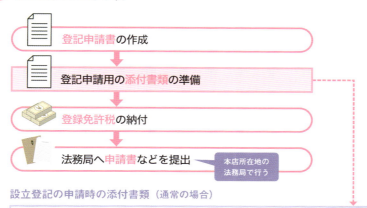

設立登記の申請時の添付書類（通常の場合）

① 定款
② 発起人の同意書
　※会社設立に際し、発起人が割当てを受けるべき株式数、及び払い込むべき金額、株式発行事項または発行可能株式総数の内容が定款に定められていない場合などに必要
③ 設立時代表取締役の選定を証する書面
④ 設立時取締役（及び設立時監査役）の就任承諾書
⑤ 印鑑証明書　※設立時取締役が就任承諾書に押した印鑑につき市町村長が作成したもの
⑥ 本人確認証明書
　※設立時監査役を選任した場合、設立時監査役について、住民票記載事項証明書、運転免許証のコピー（裏面もコピーし本人が原本と相違ない旨を記載して記名したもの）など
⑦ 払込みを証する書面
　※払込金受入証明書または設立時代表取締役が作成した、設立時の出資金全額の払込みを受けたことを証明する旨を記載した書面と、預金通帳の写しや取引明細票を合わせて綴じたものなど
⑧ 資本金の額の計上に関する設立時代表取締役の証明書
⑨ 委任状　※代理人に申請を委任した場合

📝 設立登記の時期

発起設立	募集設立
次の２つのいずれか遅い日から２週間以内 ● 発起人が定めた日 ● 現物出資財産などの価額調査 46 Ⅰ が終了した日	次の３つのいずれか遅い日から２週間以内 ● 創立総会の終結の日 ● 種類創立総会 84　101 Ⅰ の決議をした日 ● 種類創立総会 97　100 Ⅰ の決議をした日から２週間を経過した日

＋ONE　会社の登記（商業登記）の機能

商業登記には、取引上重要な事項を公示することで、取引を安全かつ円滑に進められる（公示機能）とともに、法務局での一定の審査により、手続が適法に行われなかった場合に起こり得る混乱を防止する機能（予防機能）もあります。

第9章　株式会社の設立・解散

Chapter 9 - 06 特殊な定款記載事項と現物出資・財産引受け

> **POINT**
> - 変態設立事項は、定款に定めないと効力が認められない
> - 現物出資と財産引受けは不利益を及ぼすおそれがあり規制されている

財産を危うくする可能性のある変態設立事項

定款の記載事項には、定款成立に必須の絶対的記載事項と、必須ではないものの定款に定めないと効力が認められない相対的記載事項があります。

相対的記載事項のなかでも、①現物出資、②財産引受け、③発起人の報酬・特別利益、④設立費用［9-04参照］を変態設立事項といいます。これらは会社成立のために必要なこともありますが、発起人が自己または第三者の利益を図って成立後の株主及び債権者を害するおそれがある事項のため、定款に記載しなければ効力が認められません。さらに、一定の例外を除き、裁判所の選任する検査役の調査［P.232参照］を受けなければならないなどの特別の手続が設けられています。

定款に変態設立事項の記載があるときは原則、発起人は定款の認証後、裁判所に対して遅滞なく、検査役の選任を申し立てる必要があります。もっとも、検査役の調査にかかる費用や手続にかかる時間などから変態設立事項が用いられることはほとんどありません。

厳しい規制が設けられている現物出資と財産引受け

①の現物出資とは、金銭以外の財産による出資のことです。発起人以外の者はできません。動産、不動産、債権、有価証券、知的財産権（特許権など）などがあります。目的物を過大に評価して不当に多くの株式が与えられると、株主の間で不公平が生じたり、債権者を害するおそれがあります。そのため、検査役の調査、発起人などへの重い責任を課す規制が定められています。

②の財産引受けとは、会社成立を条件として、発起人が特定の財産を会社のために第三者から譲り受ける旨の契約をいいます。現物出資と同様、目的物が過大に評価されると会社の財産的基礎を危うくします。現物出資の規制を潜脱されるおそれがあることから規制されています。財産引受けには、売買、交換、請負などによる財産取得契約のほか、賃貸借契約も含まれます。

◆ 定款に記載しなければ効力が認められない変態設立事項 28

① 現物出資	② 財産引受け	③ 発起人が受ける報酬その他の特別の利益	④ 設立費用
金銭以外の財産による出資。動産、不動産、債権、有価証券、知的財産権など	発起人が会社のため、会社成立を条件として特定の財産を譲り受ける旨の契約	配当に関する優先権、会社設備の利用に関する特権など	発起人が会社を設立するために必要とする費用

◆ 現物出資・財産引受けで検査役が不要な場合 33 X

- 現物出資・財産引受けを行う財産について
  定款に記載された価額の総額が 500 万円を超えない

- 現物出資・財産引受けの対象が市場価格のある有価証券の場合
  定款記載の価額が、有価証券の市場価格として法務省令で定める方法により算定されるものを超えない

  > 次に掲げる額のうちいずれか高い額
  > ①定款の認証の日における当該有価証券の取引市場の最終価格
  > ②定款の認証の日に当該有価証券が公開買付けなどの対象のときは、その日の当該公開買付けなどにかかる契約における当該有価証券の価格

- 現物出資・財産引受けにおいて、定款に記載された価額が相当と証明
  弁護士、弁護士法人、公認会計士、監査法人、税理士または税理士法人に
  価額が相当であると証明を受けた

※検査役の選任の手続については募集株式の発行の場合と同じ［7-15 参照］

＋ONE　発起人の報酬・特別の利益

発起人の報酬などが変態設立事項とされているのは、会社設立の事務を行っている発起人に会社から報酬を支払う際、その報酬があまりに高額な場合は、成立後の会社の財産的基礎を危うくし、株主や債権者を害するリスクがあるためです。

Chapter 9
07 会社成立後の定款変更の手続

> **POINT**
> - 定款変更に公証人の認証は不要
> - 定款は株主総会の特別決議により変更できる

条項の修正や追加などに必要な定款変更

株式会社の基本ルールである定款について、内容の修正や削除、新しい条項の追加などの変更を行うことができます。この定款変更には、取締役会や監査役の設置または廃止、株式の譲渡制限に関する規定の新設または廃止なども含まれます。

定款に規定されている事業年度や本店所在地を変更する場合にも定款変更が必要です。ただし、定款に最小行政区画（市町村・特別区）が記載されている場合、その区画内での本店移転ならば、定款変更は不要です。縦書きを横書きに改めることは定款変更にあたらず定款の更正にすぎないとされますが、漢字や送り仮名などを改めるには、定款変更の手続が必要と考えられています。

定款変更のための手続

定款変更には、定款作成と異なり、公証人の認証は不要ですが、株主総会の特別決議［3-09参照］が必要です。すなわち、議決権を行使できる株主の半数以上が出席し、出席株主の議決権の3分の2以上による賛成が求められます。その株主総会の招集通知を書面または電磁的方法により行う場合には、定款変更に関する議案の概要を招集通知に記載・記録する必要があります。

次の定款変更には、より厳格な株主総会の特殊の決議が必要です。①株式会社が発行する株式全部を譲渡制限株式とする場合、②全株式譲渡制限会社で剰余金の配当・残余財産の分配・株主総会の議決権に関し、株主ごとに異なる取扱いをする場合です。①の反対株主には、株式買取請求権［6-08参照］が認められます（右ページ＋ONE参照）。

さらに定款変更には、全株主の同意が必要な場合や、種類株式発行会社で株主総会の特別決議に加えて種類株主総会の決議が必要な場合もあります（右ページ上図）。定款の条項が登記事項であるときは、その変更について2週間以内の登記が必要です。

主な定款変更の内容と株主総会の決議要件

特別決議
- 通常の定款変更

特殊の決議
- 会社が発行する株式全部を譲渡制限株式とする定款変更 309 Ⅲ①
- 全株式譲渡制限会社で、剰余金の配当、残余財産の分配、株主総会の議決権について株主ごとに異なる取扱いを行う旨の定款変更 309 Ⅳ

株主総会の特別決議 + 種類株主総会の決議
- 種類株式発行会社で、ある種類の株式を譲渡制限株式または全部取得条項付種類株式とする定款変更

株主すべての同意を要する （株主総会を開く必要はない）
- 発行する株式全部を取得条項付株式とする定款の定めを新設・変更
- 特定の株主からの自己株式取得につき売主追加請求権を排除する定款の定めを新設・変更

特定の株主に加え、自己も売主として追加するよう請求できる権利

定款変更における株式買取請求権の行使の手続

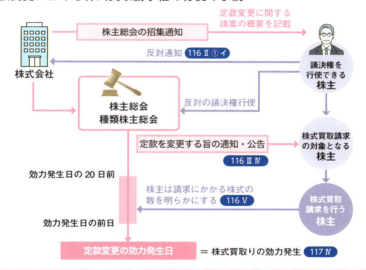

＋ONE　株式買取請求権が認められる場合

定款変更に関して反対株主に株式買取請求権が認められるのは、①株式会社が発行する株式全部を譲渡制限株式とする定款変更 116 Ⅰ①、②種類株式について譲渡制限株式または全部取得条項付種類株式とする定款変更 116 Ⅰ②、③種類株主に損害を及ぼすおそれがある単元株式数［6-17参照］に関する定款変更 116 Ⅰ③ハ の３つのみです。

Chapter 9
08 法人格を消滅させる株式会社の解散

> **POINT**
> - 解散した株式会社は、清算の目的の範囲内でのみ活動できる
> - 株式会社は株主総会の特別決議でいつでも解散できる

さまざまな事由による株式会社の解散

解散とは、株式会社の法人格の消滅を生じさせる原因となる事実をいいます。株式会社の解散事由には、①定款で定めた存続期間の満了、②定款で定めた解散事由の発生、③株主総会の決議、④会社の合併、⑤会社の破産手続開始の決定、⑥解散を命ずる裁判（裁判所による解散命令）があります。

株式会社は解散により、④の合併では当然に法人格が消滅しますが、⑤の破産では破産手続が開始し、そのほかの場合には清算手続が開始されます[9-09参照]。破産手続や清算手続が終了すると株式会社の法人格が消滅します。

解散した株式会社は、清算株式会社といい、清算の目的の範囲内でしか活動できません。したがって、営業取引はできません。ただし事業譲渡の予定で、事業の減価を防止するために営業を継続することは許されます。

株式会社を解散する手続

③の株主総会の特別決議により、株式会社はいつでも解散できます。解散すると、清算の手続が開始されます。

清算の手続は、清算人により行われ、清算人は清算手続中の株式会社の業務執行を行います。定款に別段の定めがある場合、または株主総会で取締役以外の者を清算人に選任した場合を除き、取締役が清算人となります。

株式会社が解散し、清算人が選任されたときは、解散した日から2週間以内に解散の登記及び清算人の登記をしなければなりません。

なお事業を廃止し、長期間、解散の登記がなされずに放置されたままの株式会社については、みなし解散の制度があります。これは、最後の登記をした日から12年を経過した株式会社（休眠会社）について、法務大臣がその会社に対し、2カ月以内に事業を廃止していない旨の届出をするよう官報に公告するものです。その届出をしないと、2カ月の期間の満了時にその株式会社は解散したものとみなされます。

解散事由とその後の手続

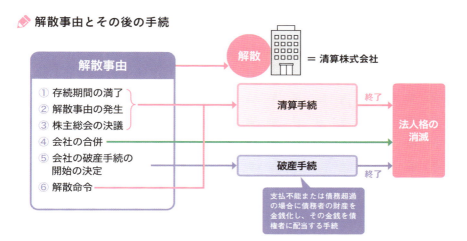

休眠会社のみなし解散の流れ

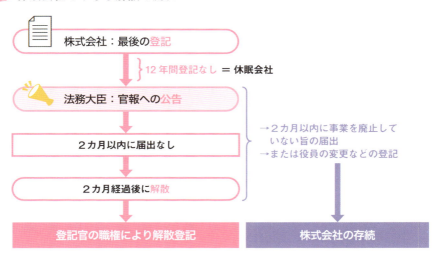

＋ONE　解散と会社の法人格の消滅

解散は、法人格を消滅させる手続ではありません。合併の場合を除き、会社の法人格は解散によって直ちには消滅せず、清算または破産の手続の終了によって消滅します。解散して清算手続に入った会社（①〜③の場合）は、清算が結了する前に、株主総会の特別決議で会社継続を決定すれば、将来に向かって営業取引を行う権利能力を回復できます。

Chapter 9
株式会社の後処理を行う清算の手続

> **POINT**
> - 株式会社は解散後、清算を行ってから消滅する
> - 債務すべてを弁済したのち、残余財産が株主に分配される

解散後に法律関係の後処理を行う清算

　株式会社は、解散しただけでは消滅せず、法律関係の後処理のために清算人［P.240参照］が清算を行う必要があります。清算は、株式会社の法人格の消滅前に、行っている事業を終了して債権を取り立て、債権者に債務を弁済し、株主に残余財産を分配するなどの清算会社の事務で、法定の手続に従って行う必要があります。

　清算には、裁判所が関与する特別清算［9-10参照］と、それ以外の清算（通常清算）があります。

通常清算による清算の手続

　清算人は就任後遅滞なく、清算中の株式会社（清算株式会社）の財産の状態を調査し、解散の日時点の財産目録及び貸借対照表を作成して、株主総会の承認を受けなければなりません。一方、清算株式会社は解散の日から遅滞なく、その会社の債権者に対し、2カ月以上の一定の期間（債権申出期間）内に債権を申し出るべき旨を官報に公告します。かつ、その会社が認識している債権者（知れている債権者）すべてには個別に催告が必要です。債権申出期間内に申出をしなかった債権者は、知れている債権者を除き清算から除斥され、ほかの債権者にまだ分配されていない財産内でしか弁済を請求できません。

　清算人は次の清算事務を行います。①現務の結了：解散前の株式会社の業務の後処理をすることです。新規取引は、現存する棚卸資産の売却、契約履行に必要な商品の仕入れなどに原則として限られます。②換価：清算株式会社が、債務の弁済や残余財産の分配を行うために、会社の財産を金銭へ変換（換価）します。③債権の取立て：清算株式会社が事業などでもっていた債権を取り立てます。④債務の弁済：債権申出期間の終了後に、債権者に債務の弁済を行います。⑤残余財産の分配：債務弁済の終了後に、株主への財産分配を行います。

通常清算の手続の流れ

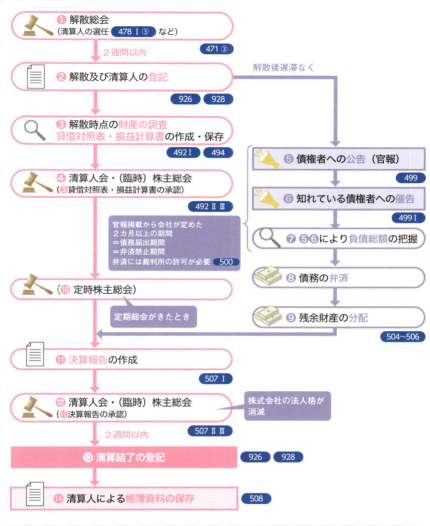

+ONE 清算事務後の決算報告

清算株式会社は、清算事務の終了後遅滞なく、決算報告を作成し、清算人はこれを株主総会に提出して承認を受けなければなりません。清算事務の終了及び株主総会における決算報告の承認により、清算の手続は終了し、その会社の法人格は消滅します。

Chapter 9
10 裁判所の命令で開始される特別清算の手続

> **POINT**
> - 清算株式会社が債務超過の場合、特別清算の手続が必要
> - 清算人などが裁判所に特別清算の手続の申立てを行う

債務超過の疑いなどがある場合の特別清算

　解散して清算中の株式会社（清算株式会社）について、清算の遂行に著しい支障を来す事情や債務超過の疑いがある場合、清算人などの申立てにより裁判所の命令で開始される清算手続が特別清算です。裁判所の監督下で清算人によって進められます。

　特別清算には、協定型と和解型（税務対策型）があります。協定型は本来的な特別清算の手続で、債権者の合意を得る債権者集会での協定決議によって解決を図るものです。和解型は当初から債権者との間で協定の合意があり、主に税務上のメリットを得るために形式的に手続を行うものです。

　原則として、清算株式会社の清算人が、そのまま特別清算の手続における清算事務を遂行します。特別清算は自治的な手続といえ、債権者の債権放棄額なども、債権者の多数の同意が必要な協定に基づいて決まります。

特別清算のための手続

　特別清算の申立てができるのは、債権者、清算人、監査役または株主のみです。そのうち、清算人については、清算株式会社に債務超過の疑いがあるときは申し立てる義務があります。実務上、特別清算の手続は当該会社側の主導のもとで進められることが多く、清算人が申し立てる例がほとんどです。

　特別清算の開始には、清算の遂行に著しい支障を来す事情があること、または債務超過（清算株式会社の財産がその債務の完済に不足する状態）の疑いがあることが必要です。

　裁判所から特別清算開始の命令があったときは、清算株式会社は協定債権者に対し、その債権額の割合に応じて弁済しなければなりません。通常清算と同様に、債権申出期間内［P.242参照］は原則として弁済が禁止されます。

倒産処理の手続の種類

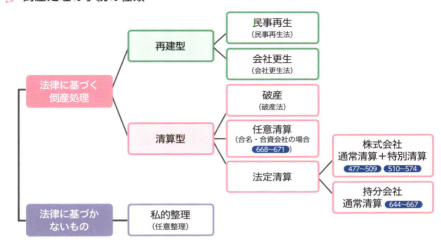

特別清算の手続の流れ

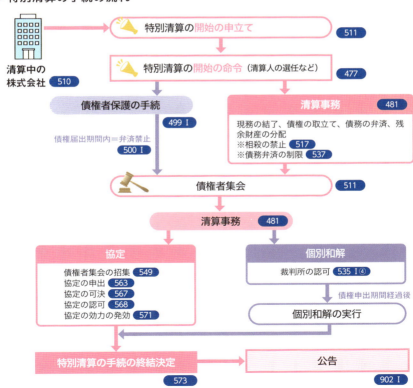

COLUMN 9

会社が倒産するとはどういうこと？

倒産を直接定義する法律は存在しない

　一般に「会社がつぶれる」ことを「破産」や「倒産」といいますが、法律的に破産と倒産は別の意味で使われます。まず破産とは、裁判所で債務者の財産を処分して金銭化し、その金銭を債権者に配当する手続です。「破産法」が詳しい手続の内容を定めています。

　一方、倒産は、「中小企業倒産防止共済法」などの法律で定義されている場合もありますが、「倒産法」という法律はありません。一般には広く「債務者が自ら負っている債務を返済できなくなった経済状態にあること」などと説明されます。破産、民事再生、会社更生、特別清算の手続を開始した場合のほか、弁護士に債務整理を依頼し、弁護士が債権者に債務の支払停止の通知をした場合も含まれます。そのような通知をした場合には、破産や民事再生などの裁判所の手続が開始できる状態になります。かつて、約束手形が使われていた頃には、手形の不渡りを出した場合も倒産といわれました。倒産の手続には、ほかに私的整理もあります。これは裁判所の外で行われ、第三者の介在を前提とせず、債務者と債権者の間の話合いによる任意の合意でなされる倒産処理です。

会社を建て直すための民事再生や会社更生

　倒産といっても、日本航空のように存続している会社もあります。これは、民事再生や会社更生という、倒産した会社を再建する（再建型の）倒産手続がとられたためです。厳密には民事再生や会社更生は、会社そのものというより「事業」の再建を目指す手続です。事業の再建は、自力で行う場合もありますが、別の会社に事業譲渡などをして再建される場合もあります。

　民事再生は、会社だけではなく、個人の経済の再建にも使うことができます。これに対し、破産や特別清算は会社を清算する手続です。会社の全財産を金銭化し、それを債権者に平等に分配して法人格が消滅します。破産手続においても財産処分の一環として事業が譲渡されることがありますが、あくまで清算のために事業譲渡が行われています。破産は個人にも使われますが、個人の破産は財産の清算だけではなく、債務の免責を受けることを目的としています。

Chapter10

株式会社以外の会社

会社の種類には、株式会社以外に「持分会社」があり、会社法施行前に設立された「有限会社」の存続も認められています。持分会社はさらに、「合名会社」「合資会社」「合同会社」に分けられ、それぞれ社員の責任や権利・義務などが異なります。第10章では、株式会社以外の会社の種類と特徴、また外国会社についても説明します。

Chapter 10
01 有限会社（特例有限会社）の取扱い

> **POINT**
> - 従来の有限会社は株式会社に一本化されている
> - 新たに有限会社を設立することはできない

存続が認められた特例有限会社

　会社法の成立以前は、中小規模の会社の形態として有限会社があり、株式会社より多く存在していました。現在でも「有限会社○○」という商号 [1-08参照] を見かけますが、有限会社の特徴と、株式会社との違いを確認しておきましょう。

　有限会社は、会社法が施行される2006年以前、有限会社法に基づいて設立された会社の形態です。現在の会社法では有限会社は廃止され、株式会社のルールのなかに有限会社のルールが大幅に取り入れられ、株式会社に一本化されました。

　ただし、会社法の施行前に設立された有限会社は、施行後も存続が認められています。そのような有限会社を「特例有限会社」といいます。

　特例有限会社は会社法上、株式会社の一種ですが、商号に「有限会社」の文字を用いることが規定されており 6例外 、現在も有限会社があるのはこのためです。しかし、新たに設立することはできません。

特例有限会社の出資者と機関の構成

　会社法上、特例有限会社にはかつての有限会社法とほぼ同じルールが適用されます。

　特例有限会社の社員は、会社の出資者（株主）となり、出資1口が株式1株にあたります。一方、株式（出資）の譲渡には、会社の承認が必要です。

　特例有限会社には取締役会がなく、株主総会のほか、最低限1人の取締役がいれば成り立ちます。取締役は各自、会社の業務を執行し、会社を代表する権限をもちます 348 I 349 I 。監査役は定款に定めのある場合にのみ設置され、その権限は会計監査に限られます。取締役や監査役の任期に制限はありません。

　特例有限会社は、定款を変更し [9-07参照]、商号に「株式会社」の文字を用いて新しい商号を登記することで、株式会社に移行できます。

特例有限会社に必要とされる機関

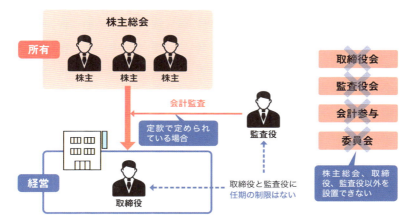

特例有限会社と株式会社の違い

	特例有限会社	株式会社
商号	「有限会社」と付ける	「株式会社」と付ける
機関	● 取締役会や監査役会などは設置できない ● 定款で監査役のみ設置可	● 定款で取締役会、監査役会、会計参与、会計監査人、委員会などを設置可
取締役・監査役の任期	なし	● 取締役は原則2年 ● 監査役は原則4年
監査役の権限	会計監査のみ	業務監査が原則
株式の譲渡	株主間の譲渡を除き、会社の承認が必要	原則、会社の承認は不要
合併・会社分割の制限	吸収合併存続会社、吸収分割承継会社になれない	制限なし

> **+ONE　有限会社に関連する法律**
>
> 特例有限会社の取扱いについては、「会社法の施行に伴う関係法律の整備等に関する法律」 2〜46 に定められています。

持分会社の種類と特徴

> **POINT**
> - 持分会社は民法上の組合に近い特徴をもつ
> - 持分会社の多くは有限責任社員からなる合同会社

少人数の社員で構成される持分会社

株式会社以外の会社の形態として、持分会社［1-04参照］があります。持分会社は、所有と経営が分離されていない会社の形態です。株式会社は広く資本を募り、大規模な組織にしていくことが可能ですが、持分会社は原則、少数の構成員（出資者）による小規模な組織が想定されています。

持分会社の構成員である社員には、会社の債務について、出資額の範囲に限らず責任を負う無限責任社員と、出資額を限度に責任を負う有限責任社員があります。これにより持分会社は、無限責任社員だけからなる合名会社、無限責任社員と有限責任社員からなる合資会社、有限責任社員だけからなる合同会社の3種類に分けられます。持分会社は、その種類に応じて、商号に「合名会社」「合資会社」「合同会社」の文字を用いなければなりません。

持分会社は、社員の退社の制度があること、社員自身が業務執行を行う（社員と経営が分離されていない）ことなど、株式会社より、法人格のない民法上の組合 民法667 に近い特徴をもっています。

ちなみに合名会社・合資会社は、会社法の成立以前からありますが、合同会社は会社法によって新たに設けられた会社の形態です。

事業運営の意思決定が迅速にできる

株式会社に比べると、持分会社の数は多くありません。全法人のうちの比率は、株式会社が約92.4％、合名会社が約0.1％、合資会社が約0.4％、合同会社が約6.3％です。持分会社は株式会社と異なり、会社法による規制が厳しくないことから、社員自身で会社の運営や管理のルールを決めたい者にとって利点が大きいといわれています。そのため、比較的少人数で事業を運営し、意思決定を迅速に行う非公開型の企業のほか、大企業の子会社、投資ファンドの組織形態として持分会社が活用されています。

◆ 持分会社の3つの種類

合名会社	合資会社	合同会社
構成員：無限責任社員のみ 社員全員が会社債務につき連帯して直接無限責任を負い、各社員が会社の業務を執行し会社を代表する	構成員：無限責任社員と有限責任社員 無限責任社員は合名会社の社員と同様の責任を負うが、有限責任社員は出資の限度で責任を負うのみ	構成員：有限責任社員のみ 社員全員が合資会社の有限責任社員と同じ責任しか負わない。会社運営のしくみは合名会社と変わらない

◆ 持分会社の特徴と、株式会社・民法上の組合との違い

	持分会社	株式会社	民法上の組合
法人格	あり	あり	なし
構成員の責任	会社により3種類 ● 無限責任のみ ● 無限責任と 　有限責任 ● 有限責任のみ	有限責任	無限責任
構成員の退社 出資の払戻し	● 退社可能 ● 持分の払戻しあり	● 退社不可 ● 譲渡可能 ● 払戻しなし	● 脱退可能 ● 持分の払戻しあり
構成員の地位の 譲渡	原則、ほかの社員 の同意が必要	原則、自由	原則、ほかの組合員 の同意が必要
所有と経営の 分離	分離されていない	分離されている	分離されていない

合同会社の社員
は有限責任

持分会社の特徴
❶ 社員は退社可能 606 607 で、退社時に持分の払戻しを受けられる 611
❷ 社員の債権者は社員の持分を差し押さえることが可能 609
❸ 社員の地位（持分）譲渡には原則、ほかの社員の同意が必要 585
❹ 社員の地位は、基本的に定款の定めによって決まる
❺ 社員自身が会社の業務執行を行う（所有と経営の未分離）
❻ 社員の責任は会社により、無限責任の場合と有限責任の場合がある

第10章 株式会社以外の会社

251

Chapter 10
03 合名会社は無限責任社員のみ

> **POINT**
> - 合名会社の全社員は、会社の債務について無限責任を負う
> - 合名会社では財産のほか、労務や信用の出資が認められる

合名会社の特徴と設立の方法

　合名会社は、全社員が会社の債務について <u>無限責任</u> を負う会社です `576Ⅱ`。会社の債務について、会社の財産で支払いができない場合、社員は連帯して（自分の財産によって）会社の債務を弁済する責任を負います `580Ⅰ`。そのため、資本的なつながりより、<u>人的なつながり</u>（信頼関係）が強く、社員の個性が強く反映されるという特徴があります。

　合名会社は、互いに信頼関係のある少数の社員で構成され、債権者に無限責任を負うことから債権者保護の必要性が少なく、<u>会社設立の手続は簡略化</u>されています。すなわち、社員になろうとする者が<u>定款</u>をつくり、<u>設立登記</u>をすることで会社が成立します。社員の出資も、<u>財産出資</u>のほか、<u>労務出資</u>や<u>信用出資</u>も認められています。法人も社員になることができます。

合名会社の運営と合名会社からの退社

　合名会社では<u>社員の責任が重い</u>ことから、定款に別段の定めがない限り、社員は会社の<u>業務執行権</u>をもちます。同時に定款の定め、または定款の定めに基づく社員の互選（互いのなかから投票で選ぶ）がなければ、業務執行をする社員に会社の<u>代表権</u>があり、さらに<u>競業避止義務</u>［4-10参照］も負います。

　合名会社では社員の信頼関係が重視されるため、社員の入社及び社員の交替（持分の譲渡）には、定款に別段の定めがある場合を除き、<u>全社員の同意</u>が必要です。一方、社員が投下した資本の回収を保障するため、社員は一方的に退社を申し入れることができ、退社の場合には<u>持分の払戻し</u>の権利が保障されています。ただし、退社しても<u>退社登記後2年間</u>は、登記前にあった会社の債務について無限責任を負い続けることになります `612`。

Keyword
労務出資　（肉体的・知的）労務に服することを目的とする出資。
信用出資　出資者の信用を利用させることを目的とする出資（担保提供や保証など）。

📝 合名会社のしくみ

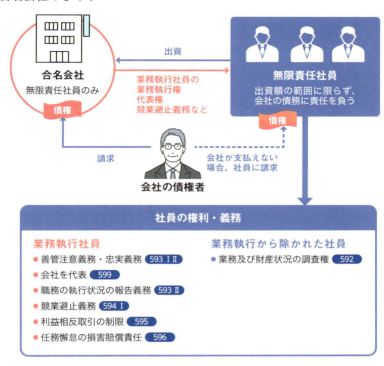

📝 合名会社と民法上の組合との違い

	合名会社	民法上の組合
出資	労務・信用で出資可 576 I ⑥	労務で出資できる 667 II
業務の決定及び業務執行の方法	● 各社員が業務を執行 ● 社員が2人以上の場合は定款に定めがある場合を除き、社員の過半数で決定 ● 常務は各社員が単独で行える 590	● 組合員の過半数で決定し、各組合員がこれを執行 ● 常務は各組合員または各業務執行者が単独で行える 670
財産関係	社員は利益配当請求権があり 621 I 、損失を分担する義務を負う 622	損失を分担する義務を負う 674

Chapter 10 04 合資会社は無限責任と有限責任の社員がいる

> **POINT**
> - 合資会社には無限責任社員と有限責任社員が存在
> - 無限責任社員のみ財産のほか、労務・信用の出資が認められる

合資会社の特徴と設立の方法

合資会社も社員の信頼関係を基礎とする会社です。合資会社では、一部の社員が無限責任を負い、それ以外の社員が有限責任を負います。つまり、合名会社と合同会社の中間的な会社といえます。合資会社では、無限責任社員と有限責任社員がそれぞれ1人以上必要です 576 Ⅲ 。

会社の債務について、合資会社と同様に、無限責任社員は会社の債権者に対して連帯して無限責任を負います 580 Ⅰ 。一方で有限責任社員は、債権者に対して連帯して責任を負いますが、出資額を限度とする有限責任を負うだけです 580 Ⅱ 。

合資会社の設立手続は合名会社と同様ですが、有限責任社員がいるため、社員が有限責任社員か無限責任社員かを定款に記載し、登記が必要です。また有限責任社員の出資は、金銭その他の財産出資のみに限られます（労務出資・信用出資は認められません）。

合資会社の運営と合資会社からの退社

合資会社では、社員は原則として会社の業務執行権・代表権を有します。社員のなかで業務執行権をもつ社員を決めた場合、業務執行権をもたない社員は、監視権（会社の業務及び財産の状態を調査する権利）をもちます 592 Ⅰ 。

無限責任社員は、その個性が重視されるため、定款に別段の定めがある場合を除き、持分の譲渡には全社員の承諾が必要です。有限責任社員は、業務執行権をもたない場合、業務執行社員全員の同意によって持分を譲渡できます 585 Ⅰ 。

有限責任社員も無限責任社員も、やむを得ない理由があるときにはいつでも退社でき 606 、また死亡も退社となります。退社したときは持分の払戻しを受けられます 611 。合資会社は、退社により無限責任社員がいなくなると合同会社に、有限責任社員がいなくなると合名会社になります 639 。

合資会社のしくみ

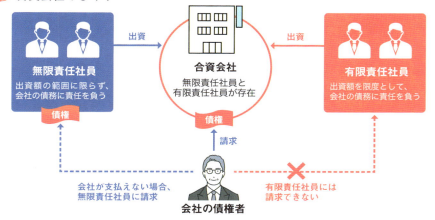

無限責任社員と有限責任社員の違い

	無限責任社員	有限責任社員
責任の内容	会社の債務を弁済する責任を負う（合名会社の社員の責任と同じ）	出資の価額を限度として会社の債務を弁済する責任を負う 580 Ⅱ
出資の方法	財産出資、労務出資、信用出資	財産出資のみ 576 Ⅰ⑥
持分の譲渡	社員全員の承諾が必要 585 Ⅰ	業務執行権を有しない場合は業務執行社員全員の同意で譲渡可 585 Ⅱ

＋ONE　合資会社と同様の組合制度

合資会社と同様の制度に、投資事業有限責任組合（LPS：Limited Partner Ship）があります。これは、業務を執行する無限責任組合員と、有限責任組合員が出資を行い、その出資金を基にして共同で投資を進める組合です。有限責任組合員は自らの出資額以上の責任を負いません。無限責任組合員が資産運用者として投資・運用を行います。これは、「有限責任事業組合契約に関する法律」に規定されています。

Chapter 10
05 合同会社は有限責任社員のみ

> **POINT**
> - 合同会社の全社員は出資額の限度でしか責任を負わない
> - 合同会社の社員は、労務出資・信用出資が認められない

合同会社の特徴と設立の方法

　合同会社は、全社員が会社の債務について有限責任のみを負う会社です 576Ⅳ 。内部関係について、社員の持分の譲渡、社員の業務執行の権限、社員の加入、全社員同意による定款変更などは、民法の組合的な規律が適用されます。

　合同会社では全社員が有限責任しか負わないことから、債権者保護のため、設立時に全額出資が求められます 578 。出資は金銭その他の財産のみに限られ、労務出資・信用出資［P.252参照］は認められません 576Ⅰ⑥ 。

合同会社の運営と合同会社からの退社

　合同会社の会社の方針は、原則として社員の全員一致で決められますが、決議要件は自由に定款で定められます。社員は業務執行の権限を有しますが、業務執行社員を置くことを定款で定めることもできます。ただし、社員以外の者に委ねることはできません。法人も社員になることができ、法人の業務執行社員も認められます 598 。業務執行社員が法人である場合、その法人は職務執行者として自然人を選任しなければならず、職務執行者は業務執行社員と同一の義務・責任を負います。

　業務執行社員は会社に対し、善管注意義務及び忠実義務［4-09参照］を負

い、株式会社の株主代表訴訟と同様の社員代表訴訟の制度があります 602 。また第三者に対しては、株式会社の取締役と同様の責任を負います 597 。

　社員には持分譲渡の自由はありません 585Ⅰ② 。ただし、やむを得ない事由があれば、定款の定めにかかわらず退社し、持分の払戻しを受けられます 606Ⅲ 611 。払戻額が剰余金額を超える場合、業務執行社員は債権者異議の手続［P.185参照］を経て払戻しを行わなければなりません 635 。その義務を怠った場合、払戻額を会社に弁済する責任を負います 636 。

合同会社のしくみ

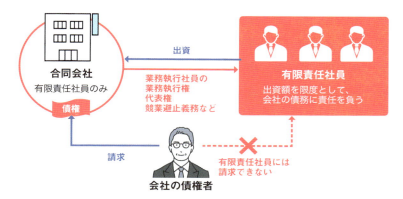

持分会社の管理・運営（業務執行）

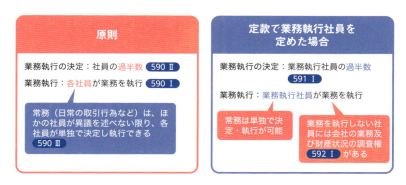

＋ONE　合同会社と同様の組合制度

合同会社と同様の制度に、有限責任事業組合（LLP：Limited Liability Partnership）があります。これは、民法の組合の特例として創設されたものです。組合員の有限責任を認めることで、ベンチャー企業や事業再生に取り組む企業などに対する投資の促進を目指したものです。これは、「投資事業有限責任組合契約に関する法律」に規定されています。

Chapter 10 06 会社法に規定されない外国会社

> **POINT**
> - 外国会社も日本において法人格が認められる
> - 日本に営業所がない場合、日本における代表者の住所が所在地

外国法人と外国会社の取扱い

日本国内に存在する会社には、日本の法令によって設立された会社だけではなく、外国の法令によって設立されたものもあります。そのような外国の法令に準拠して設立された法人を外国法人といいます。さらに、外国法人などの外国の団体であり、会社と同種または類似するものを会社法上、外国会社といいます 2②。

会社法は原則として、日本の法令に準拠して設立された会社について規定しています。そのため、会社法の「会社」に外国会社は含まれません。外国会社に適用する場合には明示的な規定があります 135Ⅱなど。

また、外国法人が国内で取引をするための法人格（権利能力）を有すると認めることを「外国法人の認許」といいます。外国法人が外国会社の場合には、当然に認許されます 民法35Ⅰ。

なお、日本に事実上の本店を置いた外国会社、または日本で事業を行うことを主たる目的とする外国会社を疑似外国会社といいます 821Ⅰ。

日本で継続的に取引を行うために必要なこと

外国会社が日本で継続的に取引などの活動を行うときは、日本における代表者を定め、かつ外国会社の登記をしなければなりません 817Ⅰ 933Ⅰ。登記をせずに取引を行った場合、取引をした外国会社の者は相手方に対し、外国会社と連帯して当該取引によって生じた債務を弁済する責任を負います 818 976Ⅰ。これは、取引の相手方保護のためです。

疑似外国会社は、日本で継続的に取引を行うことはできません 821Ⅰ 979Ⅱ。これに違反した者（代表者など）は相手方に対し、外国会社と連帯して当該取引によって生じた債務を弁済する責任を負います 821Ⅱ。

外国会社の営業所が日本にない場合、日本における代表者の住所が営業所・支店の所在地とみなされます。

日本において事業を行う外国法人

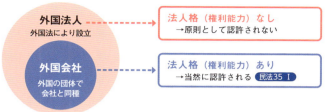

外国会社の規定

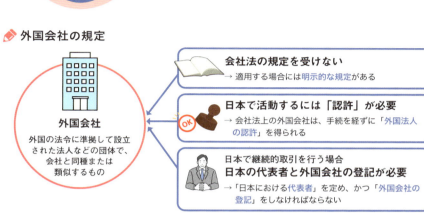

> **外国会社における会社法の規律**
>
> ❶ 日本において取引を継続しようとするときは、日本における代表者（以下、代表者）を定めなければならない。 `817 Ⅰ`
>
> ❷ 代表者のうち1人以上は、日本に住所を有しなければならない。
>
> ❸ 代表者は、外国会社の日本における業務に関する一切の裁判上及び裁判外の権限を有する。 `817 Ⅱ`
>
> ❹ 代表者がその職務を行う際、不法行為により第三者に損害を加えた場合、外国会社も損害賠償責任を負う。 `817 Ⅳ`
>
> ❺ 外国会社の登記をした外国会社は、日本における代表者で日本に住所を有する者の全員が退任しようとするとき、債権者異議手続を経なければならない。 `820`

＋ONE　疑似外国会社の規制

疑似外国会社の規定 `821` `979 Ⅱ` は、専ら日本で事業をする目的をもちながら、日本法の適用を回避するために外国法に準拠して設立された会社を規制するものです。疑似外国会社にも法人格は認められます。

索引

英数字

CSR	33,104
D&O保険	122
DCF法	146
M&A	204,224
TOB	152,206

あ行

委員会型（会社）	40,57
一般承継	210,214
委任契約	92,104,110
違法配当	182
インカム・アプローチ	147
インサイダー取引	152,162
インセンティブ報酬	110
ウェブ開示制度	70
親会社	24,26,174,218,220

か行

会議体	38
会計監査人	40,42,52
会計参与	50
会計帳簿	166
外国会社	258
外国法人	258
解散	240
会社	18
会社分割	214,216
会社法	14
買取先指定請求	150
瑕疵	84,98
合併	204,210,212
株券	138,148
株式	128,146
株式移転	220
株式会社	20,22,36,202
株式買取請求権	142,146,157,239
株式交換	218
株式交付	222
株式失効	154
株式取得	204,206

株式等振替制度	140,148
株式の質入れ	148
株式の消却	154
株式の譲渡	138,148
株式の譲渡制限	142,150
株式の処分	154
株式分割	158
株式併合	154,156,160
株式無償割当て	158
株主	20,32,128,130
株主間契約	66
株主資本等変動計算書	166
株主総会	38,64
株主代表訴訟	42,118
株主提案権	76,86
株主名簿	138,140,144,148
株主優待制度	130
株主割当て	190,192
過料	124
監査	46,58
監査委員会	54,58
監査等委員会設置会社	56,58,62
監査役	40,46,58
監査役会	48,58
間接責任	20
議案	76
議案提案権	72,76
機関	38,40,62
企業	18
議決権	26,78,128,160
議決権制限株式	78,132
議決権の不統一行使	78
疑似外国会社	258
基準日	140,144
議題	68,72,76
議題提案権	76
キャッシュ・フロー計算書	177
吸収合併	210,212
吸収分割	214,216
求償権	112
共益権	128,154
競業避止義務	106,252

共同設立	226
業務	88
業務執行	88,102
業務執行権	102,252,254
業務執行社員	253,256
業務執行取締役	44,88
業務執行の決定	88,100
金銭債権	192,196
繰延資産	168,180
計算書類	50,164,166
刑罰	124
結合	202,204
決算	164
決算日	168
決算報告	243
欠損	182
欠損填補	182,184,186
検査役	192,232,236
減資	184
現物出資	192,228,236
公開会社	24,26,40,174,176
公開買付け	152,206
交換取引	166
合資会社	20,250,254
公証人	226,228
構成員	20,128,250
合同会社	20,250,256
公募	190,194
公募債	196,198
合名会社	20,250,252
コーポレートガバナンス	34
子会社	24,26,174,218,220,222
コスト・アプローチ	147
固定長期適合率	188
個別株主通知	141
個別注記表	166
雇用契約	216,224

さ行

債権者	20,32,130,200
債権者異議（債権者保護）	184,186,200
財産引受け	236

再編	202,204,214
債務超過	169,244
自益権	128,154,160
事業	208
事業譲渡	208
事業報告	164,176
自己株式	78,152,154,180
自己資本	188
自己資本比率	188
資産	168
自然人	38,90
執行役	42,56
指定買取人	150
私募債	196,198
資本金	170,184,200,228
資本準備金	170,184,228
資本剰余金	170
資本取引	166,178
資本利益率	188
指名委員会	54,56
指名委員会等設置会社	54,56,58
社員	20,250
社会的責任	32,104
社外取締役	44
社債	196,198
社債管理者	196,199
社債券	162,198
社債権者	196,198
社団法人	18
収益	172
収益還元法	146
出資	128,130
出資者	20,250
取得請求権付株式	148
種類株式	132
種類株主総会	65,134
純資産	168,170,172
純資産額法	146
準備金	170,184,186
償還	198
償還請求権	198
商業登記	235

証券保管振替機構 …………………… 140	
商号 ……………………………………… 28	
上場会社 ……………………………… 24,62	
少数株主権 …………………………… 128	
譲渡制限株式 ………… 146,150,194,238	
譲渡担保 ……………………………… 148	
譲渡等承認請求 ……………………… 150	
剰余金 ………………… 170,178,180	
書面決議 ……………………………… 98	
書面投票 ……………………………… 78	
新株予約権 …………… 110,170,176	
新設合併 ……………………… 210,212	
新設分割 ……………………… 214,216	
信用出資 ……………………………… 252	
ステークホルダー …………………… 32	
ストック ……………………………… 172	
清算手続 ……………………… 240,242	
清算人 ………………… 240,242,244	
責任限定契約 ………………………… 116	
責任追及等の訴え …………………… 118	
絶対的記載事項 ……………………… 236	
設立 …………………………………… 226	
設立時株主 …………………………… 230	
設立時発行株式 ……………………… 228	
設立時募集株式 ……………………… 230	
設立中の会社 ………………………… 234	
設立登記 ……………………………… 234	
設立費用 ……………………………… 232	
善管注意義務 ………… 104,112,256	
総株主通知 …………………… 140,144	
相互保有株式 ………………………… 78	
相殺消去 ……………………………… 174	
増資 …………………………………… 190	
相対的記載事項 ……………………… 236	
組織再編 ……………………… 202,204	
組織変更 ……………………………… 202	
その他資本剰余金 …… 170,178,184	
その他利益剰余金 …… 170,178,186	
ソフトロー …………………………… 34	
損益計算書 …………………… 166,172	
損益取引 ……………………………… 166	
損害賠償責任 ……… 30,106,108,120	

た行

大会社 …………………… 24,40,60,174	
第三者割当て ………………… 190,194,206	
貸借対照表 …………………… 166,168	
対世効 ………………………………… 84	
代表権 ……………… 94,102,114,252,254	
代表執行役 …………………… 42,54,114	
代表取締役 …………… 42,44,94,102,114	
代理人行使 …………………………… 79	
単元株制度 …………………… 78,160	
単元未満株式 ………………… 78,160	
単元未満株主 ………………… 142,160	
単独株主権 …………………………… 128	
単独設立 ……………………………… 226	
忠実義務 ……………………… 104,256	
定款 …………………………… 14,236	
定款変更 ……………………… 230,238	
定足数要件 …………………………… 80	
提訴請求 ……………………………… 118	
電子公告調査 ………………………… 16	
電子提供制度 ………………………… 70	
電子提供措置 ………………………… 70	
電子投票 …………………………… 68,78	
登記 …………………………… 28,234	
動議 …………………………………… 72	
倒産 …………………………… 245,246	
特殊の決議 …………………… 80,134,238	
独任制 ………………………………… 48,58	
特別決議 ……………………………… 80	
特別清算 ……………………………… 244	
特別取締役 …………………………… 44,98	
特別法 ………………………………… 16	
特別利害関係人 ……………………… 96,111	
特例有限会社 ………………… 212,248	
取締役 ………………… 38,44,90,92	
取締役会 ……………………… 38,40,96	
取引事例法 …………………………… 147	

な行

名板貸 ………………………………… 28	
内部統制システム …………………… 60	

索引

任務懈怠責任 ……………… 42,112,116
のれん …………………………… 180,208

は行

バーチャルオンリー型株主総会 ……… 72
ハードロー ……………………………… 34
買収 ………………… 202,204,206,214
配当 ………………………………… 178,182
配当還元法 ……………………………… 146
ハイブリッド型バーチャル株主総会 … 73
破産手続 ………………………………… 240
罰則 ……………………………………… 124
反対株主 …………………………… 142,157
引受人 …………………………………… 230
非公開会社 ………………………… 26,40,192
費用 ……………………………………… 172
負債 ……………………………………… 168
附属明細書 ………………………… 164,176
普通株式 ………………………………… 132
普通決議 ………………………………… 80
振替株式 ………………………………… 140
振替機関 ………………………………… 140
振替法 …………………………………… 140,148
フロー …………………………………… 172
分配可能額 ……………… 180,182,184,186
変更登記 ………………… 91,184,192,212
変態設立事項 ……………… 214,232,236
包括承継 …………………………… 210,214
報酬 ………………………… 53,66,110,236
報酬委員会 ……………………………… 54
法人 ………………………………… 18,36,38
法人格 ……… 18,22,36,226,234,240,258
法定決議事項 ……………… 66,82,100
法務省令 ………………………………… 16,60
法律関係者 ……………………………… 32
保険契約 ………………………………… 122
募集株式 …………………… 190,192,194
募集社債 ………………………………… 198
募集設立 …………………………… 226,230
補償契約 ………………………………… 122
発起設立 …………………………… 226,228
発起人 …………………… 226,228,230,237

ほふり …………………………………… 140

ま行

マーケット・アプローチ ……………… 147
無議決権株式 …………………………… 132
無限責任 ………………………………… 20
無限責任社員 ……………… 250,252,254
無権代理行為 …………………………… 94,108
名義書換え ………………… 138,140,144,148
名目的取締役 …………………………… 120
目的 ……………………………………… 30
持株会社 ………………………………… 220
持分会社 …………………………… 20,202,250
持分法 …………………………………… 174

や行

役員／役員等 …………… 42,116,120,124
役員等賠償責任保険契約 ……………… 122
有価証券 ………… 138,148,168,196,236
有価証券報告書提出会社 ……………… 175
有限会社 ………………………………… 248
有限責任 ………………………………… 20,130
有限責任社員 ……………… 250,254,256
優先株式 ………………………………… 132

ら行

リアル株主総会 ………………………… 73
利益供与の禁止 ………………………… 136
利益準備金 ……………………………… 170
利益剰余金 ……………………………… 170
利益相反取引 …………………………… 108,122
流動比率 ………………………………… 188
臨時計算書類 …………………………… 180
臨時決算 ………………………………… 180
類似会社比準法 ………………………… 146
連結計算書類 …………………………… 174
労務出資 ………………………………… 252

わ行

割合的単位 ……………………………… 128,130
割増金付社債 …………………………… 198

263

著者紹介

大坪 和敏（おおつぼ かずとし）

弁護士（馬場・澤田法律事務所）　東北大学法学部卒業、1997年弁護士登録（東京弁護士会）、2014年〜2017年司法研修所教官（民事弁護）、2021年〜2025年司法試験考査委員。複数の会社の社外役員を務めるとともに、毎年、弁護士として株主総会に関わっている。主な著書に『税理士が知っておきたい　債権回収50のポイント』（大蔵財務協会、2015年）、『実践演習　民事弁護起案』（共著、日本加除出版、2021年）、『事例シミュレーション 新債権法の実務』（編集代表、ぎょうせい、2023年）『図解 会社法（令和6年版）』（共著、大蔵財務協会、2024年）。

■ 装丁　　　　　　井上新八
■ 本文イラスト（犬）　こつじゆい
■ 担当　　　　　　和田規
■ 編集／DTP　　　株式会社エディポック

図解即戦力
会社法のしくみと要点がこれ1冊でしっかりわかる本

2025年2月27日　初版　第1刷発行
2025年6月26日　初版　第2刷発行

著　者　　大坪和敏
発行者　　片岡　巌
発行所　　株式会社技術評論社
　　　　　東京都新宿区市谷左内町21-13
　　　　　電話　03-3513-6150　販売促進部
　　　　　　　　03-3513-6185　書籍編集部
印刷／製本　株式会社加藤文明社

ⓒ2025　大坪和敏、株式会社エディポック

定価はカバーに表示してあります。
本書の一部または全部を著作権法の定める範囲を超え、無断で複写、複製、転載、テープ化、ファイルに落とすことを禁じます。
造本には細心の注意を払っておりますが、万一、乱丁（ページの乱れ）や落丁（ページの抜け）がございましたら、小社販売促進部までお送りください。送料小社負担にてお取り替えいたします。

ISBN978-4-297-14718-1 C0034　　　　Printed in Japan

◆ お問い合わせについて

・ ご質問は本書に記載されている内容に関するもののみに限定させていただきます。本書の内容と関係のないご質問には一切お答えできませんので、あらかじめご了承ください。

・ 電話でのご質問は一切受け付けておりませんので、FAXまたは書面にて下記問い合わせ先までお送りください。また、ご質問の際には書名と該当ページ、返信先を明記してくださいますようお願いいたします。

・ お送りいただいたご質問には、できる限り迅速にお答えできるよう努力いたしておりますが、お答えするまでに時間がかかる場合がございます。また、回答の期日をご指定いただいた場合でも、ご希望にお応えできるとは限りませんので、あらかじめご了承ください。

・ ご質問の際に記載された個人情報は、ご質問への回答以外の目的には使用しません。また、回答後は速やかに破棄いたします。

◆ お問い合せ先

〒162-0846
東京都新宿区市谷左内町21-13
株式会社技術評論社　書籍編集部
「図解即戦力
会社法のしくみと要点が
これ1冊でしっかりわかる本」係
FAX：03-3513-6181
技術評論社ホームページ
https://book.gihyo.jp/116
またはQRコードよりアクセス